書不盡言
言不盡意
有覺聖智
完成人格

辛卯冬 二〇二年
九四禧童
南懷瑾

人生的起点和终站

南怀瑾 著述

出版说明

生死问题对于每个人以及古今中外一切宗教思想来说，都是备受关注的一个大问题。作为一位阅历广泛、学贯中西的智者，南怀瑾先生对此问题有着令人深省的看法。《人生的起点和终站》一书，就是南怀瑾先生于二〇〇六年回答其学友胡松年先生关于生死问题的记录。全书超越了宗教思想的限制，以更为广泛的生命变化历程，结合最新现代生命科学研究的相关成果，使我们了解了如何建立正确的生死观。

兹经版权方台湾老古文化事业公司授权，将老古公司二〇一二年二月初版校订出版，以供研究。

复旦大学出版社

二〇二〇年五月二十九日

前　言

有关生死问题的书，坊间有多种，但以密宗所属为盛。不久前，有胡（松年）君从美国专程赴上海，求教求解于南怀瑾先生有关生死大事。

本书所记录的，是南怀瑾先生随机对胡（松年）君等所讲，先从死亡开始讲起，一直解释到人的出生，皆以人类正常生命轮转变化而言说。所讲虽不外于佛法之原理，但并不沾染宗教意识，而纯粹站在生命科学的立场，加以阐释。

此外，南怀瑾先生更随机提示修持重点，从不同角度解说，俾使学人易于把握关键，进入修持之正路，更能了解个人修持的进度和方向，不致迷途。

人的生命，本是各宗教追根求源的目标，对于生死死生，各有不同诠释。胡（松年）君不远万里而来，非仅为个人求解，而是为海外游子、友朋、同道而来寻求善解。

一般说来，出家人是为了生死而出世努力，但是在家人也同样有生死问题，岂能不予重视。

这篇记录是为在家众所讲，听众中颇有从学南怀瑾先生多年者，故于讲解过程中，南怀瑾先生常语辞严苛，似有鞭策激励之意。

又，南怀瑾先生本不愿将记录印书成册，因觉所述简略，未臻完整。但多数听众认为，篇中虽未达南怀瑾先生完美标准，而吉光片羽，精细明确，读者可解不少心中迷惑，应属得益无异矣。

此次的讲解是二〇〇六年二月十四、十五两天，由许衡山、赵云生、刘煜瑞等录音记录，马宏达初步校编，宏忍师多次电脑修改整理后的文稿，谢锦扬最后把关校对。内容提要则为编者所加。

刘雨虹　记
二〇〇七年六月　庙港

目 录

出版说明	1
前　言	1
第一讲	1
第二讲	14
第三讲	25
第四讲	42
第五讲	53
第六讲	75
南怀瑾先生著述目录	87

第一讲

南怀瑾：诸位好朋友，今天要讲一个问题，实际上是很严重的问题，全人类几千年来所追求解答的问题，就是生跟死的问题。这个事情的起因，缘于我们这位胡松年老同学，他住在美国纽约，学佛很多年。说到纽约，纽约有座著名的庄严寺，是沈家桢居士盖的。沈家桢祖籍浙江绍兴，出生于杭州。

胡松年：他这个月过九十三岁生日了。

南怀瑾：哦，都九十三啦！他是当年航业界了不起的人，在航业界很有名，和香港董建华的父亲董浩云、杨麟的父亲杨管北都是同辈的。他到了美国以后，为中国人做了一件了不起的事，就是集中了很多的学者，把中国的佛经翻译成英文。这差不多是四五十年前的事了，当时我还在台湾。

后来发现纽约没有一个寺庙，他就盖了一个大觉寺，大部分都是他出的钱。当时在纽约，大觉寺是很大的庙，请了很多和尚、喇嘛。当年我在杨管北那里上课时，杨管北跟我讲："老师啊，最好你去。"我就笑说，我不喜欢到外国去，他们人才多，不需要我去。

沈家桢后来又修了庄严寺，是北美洲很大的一座庙子，有人再三要求我去，几十年，我都没有跟他碰面，我到美国也没有跟他碰面。庄严寺现在住着一个老和尚，叫显明法师，东北人。这位法师，当年抗日战争时，有一段真实的历史故事。

当抗战打了五六年的时候，中国人发现日本人在捣鬼，修降伏法，想打败中国。佛教的密宗分为东密、藏密。印度密宗在唐朝时到中国的，到了明朝，中国人不大喜欢密宗，就流传到日本去了。日本高野山完全是修密宗的,在中国佛学界将这一部分总称为"东密"。中国民间画符、念咒、捉鬼这些,很多都与密宗相关。中国正统文化讨厌这个,但是印度及中国藏区比较欢迎,日本也保留了这些。

日本高野山的密宗,原来只有男和尚,不准女人上山,是对女性的歧视。后来有个日本的女性要上山修行,但是高野山的和尚绝对不答应。这个女的很不服气,一发愤,自己在山脚底下搭茅棚修行,后来开悟成道。你看,天下的女性真了不起!看到她成功了,结果高野山解除女性禁制,女性可以上去了。

藏密是在西藏扎根的,跟日本的密宗稍有不同,在唐代时传到汉地。西藏的密宗有宁玛派、萨迦派、噶举派、格鲁派,也有叫红教、花教、白教、黄教的。你们听说过的黑教,并不是佛教的,那是西藏原始宗教,也叫苯教,以咒术为主,在佛教进西藏以前就有了。

刚才讲到抗战时,我们发现日本人一边打仗,一边请高野山的密宗修降伏法,要把中国人打败。所以抗战第六年时,在重庆,国民政府让民间发动"护国息灾法会",这是一个很大的法事,保护自己国家,把日本的法力打回去。当时请了两位大师主持,一个是禅宗大师虚云老和尚,主持显教的显坛;密宗的坛场,请了白教的活佛贡噶呼图克图主持。这两位都是我的皈依师父。学佛所拜的师父,有皈依师父、学法师父、剃度师父,各种师父,很多。至于皈依的师父,像我当年学佛,看到和尚有道就皈依,有些师父,我并没有跟他学,就是结个缘,等于密宗的结缘灌顶。密宗的灌顶包括:结缘灌顶、传法灌顶、智慧灌顶,有多种灌顶。

这是上课以前的闲话。讲到庄严寺显明法师,应该有九十多岁了,是我把他送去美国的。当年我们在重庆时,因为"护国息灾法会"是虚老主持的,我们见虚老时,就看到了显明和尚。我第一眼看到他就很喜欢,这个和尚像个和尚,人高高大大,相貌很圆满。圆满是什么样呢?就像玄奘法师的大弟子窥基法师,也像玄奘法师的相,很像样。

这个时候，日本人已经打到缅甸了，英国人被日本人打得落花流水。中国组织了青年军，叫作"一寸山河一寸血，十万青年十万军"，号召青年入伍从军。青年军中都是读到中学以上、有知识的学生，不读书了，出来从军打日本人。历史上，很多的小事情都是大事情，但是被大家忘记了。

当年我们在重庆狮子山，修"护国息灾法会"时，两位师父有空了，我们就和他们聊天。有一天晚上谈话，我还记得，他们说全国的青年为了救国，到处都有人参加青年军，天主教、基督教都有人去，可是没听说佛教界的青年和尚肯去参加。这个好像不大好意思吧！这位显明和尚就说了："佛教界没有人去，那我去。"所以，显明和尚就去参加了青年军，他在总政治部做事，我们也这样分开了。

多年以后，我已经在台湾讲课了。那时沈家桢在美国那里修了两个大庙，请一个和尚当方丈，不到一年，不合适，走了；另请一个，不久又走了，不晓得什么因缘不合，都分开了。据说，沈家桢的太太很有钱，但很节省。人家告诉我，她节省到连这么一张手巾纸，用湿了以后都不丢的，贴在窗子玻璃上，干了以后拿下来再用，她那么节省，那么有钱，那么会做善事。后来，我在台湾办十方书院讲课，有人告诉我，有个东北人，雷宇霆居士，在外面讲经说法，讲得非常好。我说，从前在大陆没有听过呀，你们查查看是什么人。后来有人说他认识我。我说，我在大陆没有居士朋友叫雷宇霆啊，既然他说认识我，我去看他，或者他来看我就是了嘛。传话的人说，雷宇霆不来看你，说是怕你。我问为什么？传话的人说雷宇霆怕你看不起他。我说哪有这回事，那我去看他吧。

结果有一天，这位雷宇霆居士来了。我一看，我说是你啊！你是显明嘛！当年是虚云老和尚的首座，给大和尚帮忙的，等于教务长。我说，我不晓得雷居士就是你啊，你怎么不来找我啊？他说，我不敢，怕你骂我。我说，你为国家牺牲，不当和尚，去当青年军，现在又出来弘法，我应该尊重你，为什么骂你？然后他告诉我，他住在阳明山，可是佛教界的人士，他不大来往，他想，这些佛教界人士不会了解他，看不起他做了和尚又还俗当兵，实际上，他是为了救国去的。他是天台宗的传人。

后来我说，我们俩是老朋友，你赶快到我这里教书，就请他来上课。我问他以后想做什么？他说，我想走了。我说，你想到哪里去？他说，到泰国去，泰国佛教比较兴盛。我说，你还想做和尚吗？他说，当然啰！我现在是居士，穿这个在家人的日常的衣服，到泰国我就恢复僧相。可是去泰国手续不好办，办了好几年也办不通。我说泰国有什么好玩，要么到美国！他说，美国想去啊，办不通啊。我说有办法。他有一个女徒弟很好，到现在都服侍他，他要去必须带她。你们一听，好像和尚带一个女人有问题，我从来不考虑这些。人家对他那么恭敬，年纪相差很多，相当于父亲带一个女儿，而且他身体也不好了，这个女的也不结婚，跟他学佛，多好一件事。我说两个人啊，我来办，马上把你们办出去，充其量花钱嘛！我就讲了一声，朋友们都来帮忙，就把他们办到美国去了，一直到现在还在庄严寺。

为什么介绍这一段？你看我讲话，乱七八糟转了一大圈，就是由这位胡松年居士引起的，他是庄严寺的常务委员。在纽约，他们华侨里头有很多都学佛。他昨天还提出来，有一批华侨都修准提法，很想请我去给他们灌顶。现在答复你，我那么大的年纪，也不会再到美国去了。

你们想把显明法师请回来，他也不干。他原来是说不敢回大陆，他说自己曾在"青年军"做政治教官。哎呀，我说我也是政治教官，你就不要考虑这些问题了，还是回大陆吧，天台宗没有人传承了，你还不把天台宗传回去吗？他说，你去，我就去。我说我一定回去的，所以我现在回来了，也想把他请回来。但是我心里真不敢，九十几岁的人了，把他请回来，我自己都老了，老人还照应老人，多痛苦啊！

现在这位胡居士，跟我通信多年，你看他那个样子，很规矩、很老实的，常常提一些问题，文章也好，见解也好。他昨天说，那么多年的通信，积累起来有这么一本了，可以出一本书。他叫我看看，看哪些该发表，哪些不该发表。我还没有时间看。他每年都回来看我，很多问题当面谈。他最近的通信，就提到生死问题，因为看了密宗《西藏生死书》，还有老的一本《中阴救度密法》，讲到人死的时候，佛法怎么超度、帮助他们，这类的问题。这两种书，现在外面有英文版，我们这里的人，不大留意国际上相关的发展，现在美国人研究生死问题，认知问题，都是这些书引起的。

基督教认为人死了，最后受上帝的审判，佛教不是这个道理，中国人的观念也不是这样。人是会转生的，原来西方文化不承认，现在西方的认知也改变了，比较普遍承认，而且在追寻了，还到东南亚缅甸、泰国、柬埔寨，以及中国西藏各地研究。像这类事例很多，有些孩子生出来就讲，我是某家的老头子，现在投生到你这里来。现在美国人也跟着研究，找到这个孩子，把他抱回上辈子的家。那个孩子就说了，我的东西放在哪里，结果都找得出来。看到那个老太太来，就说，她是我的老婆。老太太不承认，他在老太太耳朵边讲自己两夫妻床上的悄悄话，老太太哇地哭了：真是我的老公！

这种故事还被拍成电影，有些不大准确，有些很准确。就是说现在国际研究的趋势如此，像美国人现在研究生命科学、认知科学，研究人是不是有前生后世。换句话说，西方的文化从不相信到现在整个在转变，在追寻这个问题，牵涉到密宗的《西藏生死书》，尤其密宗加了西藏两个字，很神秘。我们不说对或不对，只说这是个问题。

生死问题是佛教、道教、儒家早就研究过的问题，中国人几千年以来就相信有前生后世。人的灵魂，在佛学里头叫"中阴身"，也有翻译叫"中有身"，这是几千年前就有的学问。为什么叫中阴呢？我们死了,灵魂离开了原来的这个身体,还没有转生另一个生命以前,在此死彼生的中间存在的这一段时间,叫中阴。

注意,严格地讲,我们现在活着,也是中有身,因为这不是我们毕竟的生命。这一点,在这里先加以说明。佛学讲生死,有分段生死,变易生死。我经常问,佛学的基础在哪里?"三世因果、六道轮回"是所有佛学的基础,这是个大科学。很多人根本就不懂得佛学,都在瞎扯!也不相信因果。而你们只粗浅地晓得因果报应,其实随时随地都是因果。没有因果关系,这个世界一切都不成立,法律、政治、经济、医药、建筑、饮食男女,统统都在因果关系中。

天主教、基督教、伊斯兰教也讲报应,做好事的人上天堂,做坏事的下地狱。那么,因果是由谁做主的?谁判案决定让你报应?佛教不承认有人审判你的罪,判你下地狱、上天堂。为什么不承认?因为这是因果的道理,是个大科学,上天堂、下地狱,都是我们自主的。我们学佛,是要认识生命自主的东西,这个自主不是你现在想做主就做得到的,所以修行的重点在这里。

我一辈子研究哲学宗教,为什么重点在佛法呢?中国儒家、道家跟佛家一样,都在研究生死问题,但是没有佛法交代得清楚。佛已经修证悟道,知道我们一切众生、所有一切生命、整个的宇宙,有个总的共同生命,是不生也不灭的,永远不变的。这个在哲学上的中文翻译叫作"本体",一切生命的六道轮回,分段的生与死,只是这个本体的变化现象。

假定时间是永恒的,在科学上我们加"假定"二字是很严肃的,我为什么讲"假定"两个字?因为时间不一定是永恒的。假定时间永恒,那么,昨天、今天、明天、过去、现在、未来是时间的分段,这是人为的知识思想,把时间分段了。

我们的生命也同这个原理一样,在所谓的本体上讲,时间是永恒不变的。可是我们现在变男人、变女人,女人嫁个丈夫,男人讨个老婆,然后生了又死,昨天、今天、明天,每一分、每一秒,身心、生命,随时都在变化,宇宙也随时在不停地变化。这是变易生死。

譬如说,我常常跟你们开玩笑,也是真话,有很多几十年不见的同学来看我,"老师啊,二十多年没有看到你,还是一样哦!"我说,我要是不变,那不是变成老妖怪了?其实我早变了,已经不一样了,这是变易生死。我经常引用《庄子》里提到的孔子对颜回讲的一句话,"交臂非故",这怎么讲呢?你们现在的教育,不从古文入手,古人的文章就看不懂了。交臂,就是两个人擦肩而过,你过来,我过去,就是一下子,已经不是原来的你我,一切都变了,变得非常厉害。

那么,佛法的修持,像小乘罗汉了生死,充其量的是分段生死,认为这一生修行成功了,不再来了。可是大乘菩萨就会笑他们小家子气,不来?做不到的!就算你入定八万四千年,最后还是要出定的,所以说,小乘罗汉不是究竟,大菩萨才能了脱变易生死。

昨天晚上胡松年问我,释迦牟尼佛也是化身吗?没有错。什么叫化身呢?以佛教来讲,十方三世,一切诸佛,一切菩萨都是化身,我们一切众生也是化身,只有一个中心不变的,叫作中央毗卢遮那佛;一切佛都是毗卢遮那佛的化身,一切众生也是他的化身。换句话说,都是本体的分化作用,而那个不生不灭的生命的本体没有动过。所以释迦牟尼这一生,成佛,做教主,他也是化身,阿弥陀佛也是化身。

在讲这个课题以前,我们要晓得,人类整个的文化,不论中西,一切学问,都是为了追寻生命问题。像现在大学里开了那么多课,建了那么多研究所,经济学、社会学、政治学、物理学、化学、应用科技,等等,也是为了研究生命问题。如果与生命问题、生存问题不相干,这个学问不会成立的,自然会被淘汰。还有生存里的现象,我们叫作生活,为了生活,不管做生意也好,做官也好,花了那么多钱,培养孩子受教育、求学问,拿了学士、硕士、博士学位。在我看来,也许我不对，我说求学问赚钱，或者做官，胡闹一阵，也都是为了一个生命问题。一切宗教也是一样。

印度在释迦牟尼佛以前就有宗教。现在的尼泊尔、巴基斯坦、孟加拉、阿富汗，原来都是古印度的范围。佛教后来传播范围很大，不仅包括整个印度次大陆，乃至东亚、东南亚、中亚、欧洲，也有部分包括在内。古印度的疆界非常大，不过其版图没有统一，言语文字有六十多种，到现在也不统一，而且他们自己也不注重历史。如果印度也像中国一样，有类似秦汉的统一，文字的统一，那就不得了啦。

这就看到我们中国文化的宝贵了。秦以后，我们文字统一了，很好地保存了历史文化。到现在，我们读古书，几千年以前的思想文字，一看就懂。不过，现在倡导白话文、简体字，而古汉语文字是中国古代历史文化宝库的钥匙，这是个大问题。

印度既没有统一文字，也不注重历史，再经过阿拉伯人、英国人的入侵，印度现在没有佛教了；现在的梵文也不是古代的梵文了。印度佛教随着佛经到中国来了，所以我跟有些练瑜伽的印度朋友感叹，我说，很想把你们老祖宗留在中国的宝贝交还给你们！他们说，我们也想啊，可是文字言语真的不行啦。我说，你们老祖宗，那么一个伟大的圣人——释迦牟尼佛，他的东西都留在中国了，没有中国保留，现在就都没有了。

至于语言呢，中国各地的方言那么多，到现在也还普遍使用。譬如广东话、闽南话，北方人就听不懂。所以普及普通话，尤其必要。当然不是说普及普通话就不要方言了，两个可以并存的。

世界上的各种文化既然都是为了这个生命问题，那么你们要学佛，知道佛悟道悟什么吗？为什么要悟道成佛？说穿了还是为了生命问题。为了追究宇宙万有生命的究竟根本，其中自然也包含了生死问题、生存问题。佛在菩提树下大彻大悟，得"阿耨多罗三藐三菩提"，这是梵文音译，翻译成中文来讲，就是无上正等正觉，无上正遍知，无上正遍道。什么叫菩提？就是悟道了，明白了。证得菩提，不只是道理明白，是身心都求证到了。"阿耨多罗"是至高无上，彻底的；"三藐三菩提"是正遍知，正等正觉，随时随地清醒、知道，不糊涂。"三"，意思就是正；"藐"是等，平等，一切平等。

为什么《金刚经》等经典上提到成佛，就是证得菩提？换一句话说，佛的大彻大悟，是彻底知道宇宙万有生命的究竟。到了中国文化，禅宗把这些名词都推翻了，就是"悟了"！悟了什么？唐代的大禅师说，悟了"这个"！"这个"是什么？干屎橛！狗屎！狗屎也好，这个也好，阿耨多罗三藐三菩提也好，上帝也好，主宰也好，神也好，都是代号。生命的究竟是讲不出来的，只好用个代号叫作菩提。

释迦牟尼佛，在这一代、这个世界上，所谓悟道成佛了，悟个什么道呢？彻底知道了，不是逻辑理论上知道，是知道一切生命的本体是不生不死的，没有生过，也没有死过，是悟到这个而成佛。譬如释迦牟尼佛，他也生来也死去了，同我们一样，这个是生命的现象，分段作用，就是像昨天、今天、明天、后天一样的，或是像去年、今年、明年，过去、现在、未来一样的。所以我说，唐人刘希夷有两句很有名的诗："年年岁岁花相似，岁岁年年人不同。"中国的佛学道理，用这两句诗就说明了。这个生命就是这样，年年都有个春天，年年也都有个冬天，这是生灭两头的现象；念头、细胞乃至一切物质也是有生有灭，永远都是这样。找到了生命能生能灭的根本，叫作成佛，叫证得菩提。

换句话说，佛说一切众生，不止人，包括宇宙的物理物质世界和精神世界，都是这个本体的现象变化，都是分段生死，都是变易生死。变化不是究竟，不是根本，而是现象。但是这个生命总体的功能，是不生不灭的，不生也不死。

为什么佛教到中国，很容易就被吸收呢？因为中国文化的经典典籍《易经》，也讲过这个道理。《易经》有几个要点——变易、不易、交易、简易。所谓"不易",有个东西是不变的,永远不生不死,根本的东西没有变过。"变易"就是变易生死,会变化的,宇宙万有、一切现象,有生有灭,随时变化,没有不变的东西。男女感情,父子感情,一定会变的,不变就不叫作感情了。"交易"就是变易中有交变,交叉的、感应的;这个交变感应,在梵文里就叫瑜伽,互相感应,相对应的变。"简易",一切复杂的变化是由简易来的。只懂复杂,不懂简易;或者只懂简易,不懂复杂,都不通的。变易、交易、简易,万变不离其宗,只有一个不变的,就是不易(按:《唯识述记》卷二曰:言瑜伽者,名为相应。)。

就因为中国有这个文化的基础,道家、儒家,诸子百家,等等,引入印度佛家佛陀所悟的道理,吸收融合,成为东方文化。因此我也常常告诉西方人,孔子、老子、释迦牟尼佛,东方人;耶稣、穆罕默德,是中东人,也是东方的,没有一个西方人。西方的文化思想大多是与东方交流融合而来的。这五大教主他们各自传道传播的方法不同,因地制宜,当然,道理有程度的深浅,讲得最透彻的是释迦牟尼佛。中国的《易经》,对这个道理也阐释得很清楚。

譬如说,易经有八八六十四卦,有法则在变。你们要算命卜卦,算个什么?算也没有用。当你把这个事情说对了,对了以后,已经变成不对了,随时变去,所以没有绝对算准的,都是刻舟求剑。常常有朋友问我,老师啊,我去做生意,你给我算算卦。我说,不是成功就是失败,没有中间的。做生意要赚钱,拿出本钱来,如果也没有赚,也没有赔,可是你消耗时间精神,已经赔了嘛!你说赚了,赚来的这个结果已经过去了,当下还是没有,其实没有赚,一切都是在变化的。生命的道理就是如此,这是一个大原则。所以学佛修道,所谓打坐参禅,大彻大悟,就是证得那个本来不生不死的,这就是佛学,也就是中国道家的修仙之学。

我常说,世界上东西方的文化,讲了半天,中国人有个其他国家都没有的文化,就是敢讲生命是可以"长生不死"的,只有中国道家敢这样讲。既然晓得那个本体是不生不死,我可以修持到同本体一样活着,去了死的一头,永远活着,道家叫"与天地同寿,与日月同休","宇宙在手,万化由心",只有中国人敢做这个科学的假定,认为生命可以跟天地宇宙的寿命一样长久。宇宙是活动的,在这个虚空中,永远不停止地活动,没有休息过,我们的生命也与宇宙一样,永远活着不休。

佛不同了,佛晓得本体是不生不死,但是不讲,而是把这个生死保留起来。中国的禅宗、密宗虽不讲这个话,但有这个含义在。可是释迦牟尼佛得了道,为什么又走了呢?佛说,我没有走啊!我还在这里。而且最有趣的是,佛到八十一岁,要走以前,告诉跟他出家的弟弟阿难,阿难没有讲话。最后,佛宣布要走了,阿难就痛哭地跪着说:"哎!您不能走啊!"佛说:"我有意地问你三次,借你的口看因缘,我可以留在这个世界上不死,你看我留好啊,还是死了好?可是问你三次,你那个时候被魔王魔住了,头脑昏聩,都不答复我。如果你说我留,我就留下了,你没有讲,现在这个机会过去了;而且魔王要求我不能再留下去了,我也满足魔王的愿望,要走啦。"可是经上记载,佛吩咐他的四个弟子:迦叶尊者、罗睺罗(佛的儿子),还有宾头卢尊者,另外一个是君屠钵叹尊者,留形住世,身体留下来,在世上继续活着。据说迦叶尊者现在还在云南的鸡足山那里入定,这个叫"留形住世"。这些都是研究生命问题的资料。生命问题、生命的道理就有那么严重。

讲到这个道理,先说明一下,我们佛学讲"道理","道理"是中国文化固有的名词,佛学到中国来之后翻译借用的。《解深密经》将"道理"分为四种:观待道理、作用道理、证成道理、法尔道理。

"观待道理",一切物质物理现象、精神现象,都是这个范围,都是因缘所成的相对的现象。像花草树木,土石水火,各种生命,乃至自然界的一切，人类建造的房屋、家具、各种电器、国家、民族、社会、法律、政治、经济、伦理道德、军事、医药，我们的思想观念、情绪、讲的话、写的文章，包括自然科学同人文科学，这一切都是观待道理。"待"就是相对待的，因缘起灭的，因果生灭的。

"作用道理"，一切物质物理、精神现象，各有各的作用。譬如眼识、耳识、鼻识、舌识、身识、意识；眼睛、耳朵、鼻子、舌头、身体、大脑，等等；地水火风空、觉、识，都各有各的作用。

"观待道理"是从不同角度讲的，从现象上讲，一切物质现象、精神现象都是因果、因缘起灭的，相对的，不是单独的，也不是绝对的；换句话说，每个现象都必然随着因缘变化而变去的。"作用道理"是从作用的角度讲的，一切现象、一切因素各有各的作用，各有各的变化。

第三种是"证成道理"，是自己做功夫求证，科学求证到的。求证什么？求证法尔道理，本来的真理。你说一念可以清净，思想烦恼没有了，不受身体障碍了，这只是功夫，是要求证的，科学性的，这个叫证成道理。

第四种是"法尔道理"，法尔如是，不随因缘因果变化而变化，是本来如此的，不生不灭，不垢不净，不增不减。"法尔"这个名词，是佛学到中国来之后，中国僧人创造的，意思就是我们中国人讲的自然，本来如此。为什么不叫自然道理呢？一讲自然，怕落在唯物观念，又怕落在道家或印度外道的自然观的概念中了，所以另创一个名词——法尔道理。所谓法尔道理，是有个永远不变的真理，是当然的，推翻不了的。

我们一般讲的，随意说的，都是观待道理、作用道理，都属于观察对待，是逻辑，是作用。当然人们平常所说过的不合逻辑的话也很多，也是属于观待道理、作用道理。科学研究也是观待道理、作用道理，对证成道理、法尔道理的研究也是观待道理、作用道理。至于证成道理，是以本身的生命来修行实践并求证到的，是正念求证成功的结果。譬如得道成罗汉，成菩萨，成佛，这是证成道理。求证之中，也有观待道理、作用道理。

这些道理的背后，最高层次的道理就是法尔道理，那是真理，是不变的；不是说没有证成之前，它不存在，而是它根本没有变过，变了就不是道了。当你真的求证到法尔道理时，那是得道了。"得道"也是打个比方，是观待道理的说法，因为"道"从没离开过你，也没有增一分或减一分。用禅宗的话来说，就是回到本来面目。然后，发起各种妙用，那时法尔道理、作用道理、观待道理都圆融无碍了。以上关于这几种道理的分析，也都是观待道理、作用道理，只是帮助你解脱迷惑的方便方法罢了。

第二讲

南怀瑾：我们现在这一堂开始，正式讲生死的现象问题，注意，只是讲人类正常生死的部分。

我这一辈子，大概讲过很多次的生死问题，所以我很厌烦，很不喜欢反复讲同一个课程。我在学校里教书，教同样的课，我每一次上堂，讲的都不同了。我的个性，很不愿意说重复的话，教书说重复的话是非常痛苦的。为了这次课程，我也想了一下，原来都有录音带，你们也不找去听，现在又再问，讲起来还是重复的话。也许这一次比较详细一点讲吧！

可是生死问题怎么说呢？是从投生讲起，还是从死亡讲起？我决定还是倒转来，先从现有的死亡讲起，然后再转回来讲到人怎么投生，最后讲到整个生命的生死问题。不是生命问题，是生死问题，这是两个逻辑观念，生命的问题，跟生死问题是有差别的。生命问题大了，包括宇宙万有的生命，也包括了生死问题。

现在讲生死问题，有个逻辑观念，先定一个范围，只讲我们人类一般正常的生死问题。人道中，有许多是不正常的死亡，那就属于横死。为什么有些人会横死呢？按佛学的道理来说，是他的因果报应。正常的死亡，也是各人的因果报应。

我的老朋友多，像我这个年龄，九十岁的人，我经常听到都是老朋友死的消息。朋友打电话来说，某某走啦！我不好意思说好啊！这个不敢讲。有时候接到电话，学生问，老师啊，你还好吧？我说，没有死，还接你的电话嘛，当然好，听到声音已经好了嘛！再说八九十岁的人，随时会死，没有什么好不好。

最近老朋友死的多，我就对一个老朋友讲起，我说，古代发讣文说某某人"寿终正寝"。我们讲别人的父亲死了，就说，某人的老太爷是好人啊！寿终正寝。正寝，就是在自己的房子里，自己床上睡了一辈子，正常地死在那里，叫寿终正寝。古代修房子，中国人多半修四合院，正房给长辈睡的，儿女睡偏房，长辈正房旁边是大厅堂，那叫中堂。长辈死了，把门板拿下来，放在中堂，就把这个遗体放到中堂门板上，还要停尸三天。

遗体一移到中堂来，趁身体还软，家人们就要给他穿衣服了。在古代，所谓富贵的家庭，给死人穿六七层的衣服；有一个女婿盖一条被子，假使有十个女婿，就盖十条被子。给死人穿七件衣服怎么穿？让死者的儿子站在那里，把七件衣服，一件件先穿好，再脱下来；然后把尸体扶起来，趁尸体软的时候，把这七件衣服一次性穿上。然后把遗体放在正厅，大家在旁边守着。为什么？因为有些人有一种假死病，有时候假死三天四天又活过来，这种个案很多。所以按照中国的古礼，人一断气，不能马上就送到殡仪馆冷冻库，要停尸三天，昼夜有人守灵。

讲到这个，你要晓得，为什么要人守灵呢？过去农村的房子，猫啊、老鼠啊，跑来跑去，刚死的人，停尸在那里，万一猫或老鼠在死人身上跳过去，尸体会坐起来的。以科学讲，那是一种电感，所以要守灵，不准猫或老鼠等靠近。

停尸三四天以后大殓，把死者放进棺材以后就盖被子了。死以前洗澡，如果是老太太，都是女儿媳妇洗的，把她身体抹干净；老先生就是儿子女婿洗的。古礼有很多细节，这个是寿终正寝。

我说，现在地位越高，越有钱，越不能寿终正寝。送到医院，明明要死了，还插上氧气管子。身体可能已经死了，脑细胞还没有死，插管是为了使脑细胞慢慢死。原来插管是想救这个命，现在变成习惯了，很多病人一进医院都插管。最后家属也好，朋友也好，谁也不敢说把管子拿掉，让他走了算了，结果是那个病人本身受罪。有时候拖上一年两年，或变成植物人，花很多钱，可以说家破人亡，所以我说现在人的这个因果报应真不好啊！

因此，寿终正寝很难，现在是寿终医院，不是正寝。人在医院一死，气一断，送到冷气间；然后车子送到殡仪馆，殡仪馆马上把你放在冰库。冰库还好，差一点的，就把你衣服都脱光，男女老幼泡在那个防腐池子里，像那些死鱼一样，一个个尸体都在药水里头漂着。进去一看，一股气味，真是难闻！然后出殡以前，把尸体从这个池子里捞出来，水一冲，化一下妆，衣服穿上，好像蛮完整嘛！实际上真受罪，就像我们买来那些小鱼小虾，泡在那个水里乱搞一样的。生命，有什么道理啊！真是毫无道理。

有一次，我一个朋友，是个大学者，刚好也是叫我老师的。那么我啊，被人家叫老师，都变成家人一样，很亲切的。结果他太太死了，他也不在家里，孩子又在美国。这个医院查了半天联系方式，最后，医生打电话找我，要我去认一下尸，替朋友签个字。我经常被人家拖去干这种事，只好去了。那是晚上，到了医院，我问在哪里，说在停尸间。一进去停尸间，喔唷！几十个男女老幼上下铺放着。然后看到一个管尸体的人，那是冬天，架一个火锅在那里，大片肉菜在锅里头，正端着碗饭吃。我问某某太太在几号啊？他一边吃一边指，就那个，你去看。我真佩服这个人，那么多尸体，那个味道，他在那里吃大鱼大肉！然后，我说，这个吗？被子盖到她的脸，我不方便啊！他说我来，把筷子一放，拉开来一看，是她吗？我说，对了对了，签个字。哎呀，心里真有很多的感想……

由寿终正寝再想到过年，有人在家门口挂五福临门，五种福："寿，富，康宁，攸好德，考终命"（《尚书·洪范》），其中第一就是寿，有钱是"富"，官做得大不是福，五福中没有"贵"字。最后是"考终命"，这个"考"是什么意思啊？你翻古书，"考者，老也"，考就是老嘛，七十岁叫老。那老又是什么意思啊？字典上说，"老者，考也"。常常看到中文这些注解，气死人，真是胡扯，等于没有说。"考终命"的意思就是善终，死得好。死得好很难！长寿固然好，还要死得好。所以按中国的古礼，八十岁以上寿终正寝的，送礼不用白布，用红色挽联，红帐子，当作喜事办。为什么呢？寿而考终命，高寿而有善终。

现在这个社会，寿终正寝也办不到了，当然，最好是无疾而终。有几个朋友的长辈，晚上吃饭，跟儿女还在谈笑，自己一边讲，我累了，就这么一靠，走了！我的母亲一百岁走的，素美、传洪都去了的。过年晚上吃饭，子孙满堂坐在一起，母亲还吃了两碗干饭，然后说我去睡了。第二天，正月初一早晨，我的太太发现她走了！最好是这样，没有病，走了。

所以佛学讲生命的无常，人生的境界，有四个观点："积聚皆消散，崇高必堕落，合会终别离，有命咸归死。""积聚皆消散"，一个人穷苦出身，拼命赚钱发财，不管赚了多少财富，终究会散掉。例如很多有钱的家庭，主人死了以后，儿女太太争财产、打官司，留下一大堆虚名与笑话而已。"崇高必堕落"，地位高了，一定会下来，上台一定要下台。"合会终别离"，大家在一起，总有一天会分散嘛。"有命咸归死"，有这个生命，最后还是死亡。

佛学为什么讲无常？因为世界上的事没有永恒的。人的欲望，永远贪求永恒，想永远保持存在，那是永远不可能的，那是笨蛋，是看不清楚的人搞的。所以佛告诉你，积聚必有消散，崇高必有堕落，合会终须别离，有命咸归于死，那是必然的道理，这是大原则。

那么，首先要了解，我们人的这个生命是两样东西组合的，一个是思想精神，一个是身体，所以《易经》讲阴阳配合。这个身体，在两千五六百年前，释迦牟尼佛把它归类得非常清楚，物理世界的四大归类是：地，水，火，风。实际上，加"空"是五大类，空不需要讲，一定存在的。中国所讲的是五行：金、木、水、火、土。

四大是四大类作用的代号，不是指具体的物质，而是代表很多很多作用；很多具体的现象都是四大作用的表现。同样道理，"五行"也是五大类作用的代号，不是指具体某一种物质现象，如果把它视同具体的现象就错了。"四大"代表什么呢？地大代表坚固的，凝固性的；水大代表湿润的，液体的；火大代表有冷暖温度的；风大代表运动，行动，运行。气流、电流的能量属于风大的现象，电流的热量属于火大的现象。

在自然界的现象上，除了物理世界的地、水、火、风、空以外，声、光、电、化、一切物质的运动，都是地、水、火、风变化作用的现象。在人类身体而言，就是骨骼、肌肉、神经、血液、体液、内分泌、体温，以及所有器官功能的运行。那么，在科学研究上就衍生出了现代物理学、化学、医学、药学、地理学、生理学，包括声学、光学、电学、力学，等等。

刚才讲，活着是两个东西，前面讲了身体，至于我们的精神思想，这一部分不属于四大的作用，但是跟四大的作用是配合的。换句话说，四大组合而成的这个身体是唯物的，而精神、情绪、思想是唯心的，两个粘在一起，浑然一体，就有了这个生命。

至于怎么入胎，乃至婴儿出生，在后面再说，现在先讲死亡的过程。死亡从哪里开始呢？我常说，保持身体健康要注意活动两条腿。你看健康的婴儿生下来，两个手一定握拳，拇指握在拳内。这个也就是密宗的护身拳。你看婴儿躺在床上，主要活动的是两条腿，手不大动，他的生命力很足，腿喜欢动。我也经常说，人生下来就抓，世界上什么都要抓，爱情、人情、儿女、钱财，到死的时候一定放掉。人死了就不能抓了，就放掉了，都"大彻大悟"了，哈！抓不了啦。

孩子生下来之后，一年当中，"七坐八爬九长牙"，这都是老古话，农村都知道，七个月会坐了，现在有些孩子更早一点；八个月会爬了；九个月长牙齿了；讲话是满一周岁以后。我们中国人说这个孩子满周岁了，很高兴，要"抓周"了。《红楼梦》上也写到过"抓周"，把这个周岁的孩子抱来，桌上摆的有文房四宝，有各种玩具，现在把汽车、火车、金银宝贝、钱啊，都摆上。《红楼梦》上说贾宝玉抓周抓的就是女人的化妆品，胭脂花粉，所以贾宝玉一辈子风流。我们看到《高僧传》上的有些人，从小抓周抓的就是佛经，其他不要；有些人抓的是书本。小孩子喜欢哪一样，就判断他的一生习气、习惯、性格趋向。

周岁的时候，婴儿头顶的囟门还在跳动，还不会讲话，第六意识还没有完全成长，有意（即意根，也叫第七识，末那识，俱生我执），没有第六意识（分别意识），分别心不大。等到囟门完全长满以后，开始说话，后天分别意识也开始作用了。

孩子是喜欢动腿的，到了大一点喜欢乱跑，到七岁八岁，狗都讨厌，那个狗在睡觉，他偏跑过去踢一脚，因为两腿爱动。所以到了上小学中学，爱打球运动。等到做了老板，像你们这些中年人，两条腿不行，开始架二郎腿了。当年杨管北到办公室，抽根烟，腿架到桌上去，这样子夫指挥。所以，你们的健康状况好不好，看你们的两条腿，到了老年，两条腿就这样走路了（南怀瑾先生示范蹒跚艰难状）。只要看自己两条腿是否灵活，你就测验出自己的身体状况了。

所以衰老、死亡是先从脚底开始的，以前讲"寒从足底生"，老人冬天那个脚底心还发烫的，就会长寿。所以我经常叫你们加衣服，尤其女人，裤子要穿厚些。我们小的时候看到祖母，两个裤腿都绑起来，所以妇科的病少。现在穿个三角裤，又穿裙子，要美丽，不怕冻，所以妇科病特别多。寒从足底生，精也从足底生，两腿、两足是非常重要的。

我经常说一个闲话，也可以说是笑话。我说，你们出家人早晚课，念经——"皈依佛两足尊"，佛是两足尊，怎么两足尊呢？依道理解释，福德具足，智慧具足，所以叫两足尊。这个世界上，一般都是有钱人没有学问，有学问的人没有钱；有福报没有智慧，有智慧没有福报。人生有富贵功名，智慧又高，学问又好，那了不起，那是两足尊，教理上是这样解释。

实际上，做功夫，两条腿和足最重要！如果一个人，走路姿势不灵活，腰以下都不行，那就是衰老了。假使说年龄大的人，还可以把腿放到头上，可以做瑜伽，还那么轻松的，就了不起了。

说到人的死亡，其实人每天随时在死，不只一年一月地衰老，而是每个时辰、每一刻、每一秒都在衰老。庄子讲得更彻底，"方生方死，方死方生"，当你生出来的时候，就是死亡的开始，即生即死，随时在生死。庄子讲生命，讲过更有意思的一句话，我常引用的，就是"不亡以待尽"。这是庄子对于人生价值、生命价值的一个定论。看到人活一百岁，或者一百五十岁，我也活到了九十岁，看起来是活着，实际上是"不亡以待尽"，等死而已。

当你第一天生下来，就已经开始死亡。你说这个孩子几岁了？三岁。唉，前面的已经死亡了，后面来的日子，随时随地在死，在衰弱，在消亡。所以，人生出来会老，会生病，老就是一种病，最后是死亡。老病是中间，是死亡的一个前奏。生与死是相对的，对待道理，观待道理，有生必有死，不过早死迟死而已。所以人要修到青春常驻，永远保持像青年一样健康，那是不可能的。如果说也有可能，这是秘密了。《楞严经》上说，有秘密在，看你怎么做功夫。但是也不是永恒，不过衰老得慢一点而已。

我们了解了这个之后，现在再讲人的死亡问题。刚才说的是，一个人很安详地在自己家里寿终正寝地死。病人临死以前，四大先起变化。首先是地大出现障碍，变化了，人体的地大是骨节、筋骨。所以年纪大了的人或风瘫了的人，半边没有知觉了，筋骨、神经这些死了，也就是地大的半边已经死了。我们现在不讲医学，讲医学更细了。

要死以前，身体动不了了。我们读儒家的书，看到孔子的学生曾子，写《大学》的曾参，临死前，告诉旁边的学生和儿子："启予足，启予手。《诗》云：'战战兢兢，如临深渊，如履薄冰。'而今而后，吾知免夫！小子！"曾子临死，为什么叫启予足，启予手呢？因为不能动了，告诉学生把我的脚放好，手摆好，我要走了，只剩最后一口气了。然后，弟子们告诉他，老师啊，已经摆好了。他说，我现在告诉你们，我做人一辈子，常常提心吊胆，战战兢兢，战战是发抖的样子，兢兢就是脚都不敢踩实的样子；如临深渊，好像站在悬崖边缘，脚下是万丈深渊，一不小心就失足成千古恨了。如履薄冰，初冬刚结薄冰，或早春要解冻时，人走在河面上，要有功夫有本事，否则一个疏忽，掉下去就没命了。做人一辈子，要想修养到死都没有遗憾，如孟子所说"仰不愧于天，俯不怍于人"，实在是个伟大的功夫。

人骗人是常事，最妙的是人还都喜欢骗自己。可是到了自己要死的时候，仍骗不过自己。要想做到内心对人没有亏欠，就"如临深渊，如履薄冰"了。人生是如此之困难，尤其是利害关头，能不能为忠臣，能不能为孝子，就在这么一念。如果怕自己吃亏，就掉下去了。现在我手脚都失去了知觉，已经死了一半了。"而今而后，吾知免夫！小子！"到这个地步，我才敢说大话，我不会再犯错了。"小子！"意思就是说，你们年轻人要留意啊！

当这个身体不受你管，有时候连翻身都难，这是地大先死亡。不过还有医药可救。

第二步，水大分散，这是正要死，真的要死了。两个眼睛瞳孔放大了，你虽然站在他面前，他看你距离好远，像一个影子一样；你跟他大声讲话，他听到像蚊子叫一样——啊？讲什么？听不见啊。身上出冷汗，汗流出来是黏的、冷的……这是水大分散。我们这个身体百分之七十是水，水大分散，就出这种汗了。一看这个现象出来，几乎没有救了，到了真正要死的时候了。接着肛门打开，最后一次大便；

最后一次出精，非常短暂的性快感，没有救了。这是身体下面的现象。

身体上面呢，喉咙这里呢……呃……的，呼吸很困难了。水大死亡之后，跟着来的是风大分散，气也马上要没有了。这个时候，说不出话来，气上不来了。在医院抢救的话，医生就会切开病人的喉部气管，插管子，抽痰。水分流不动变成痰了，医生只好把痰抽出来，肺都严重发炎、支气管被痰塞住了。抽了痰，呼吸的气一步一步上来了，呃……呃……呃……最后，气到喉结处，呃……呃……如果一口气上不来，气断了，人就死亡了。

当年一个老朋友走，我问他的儿子，有灯草没有？现在人是点电灯，没有灯草，那就把鸡毛拿来。鸡毛在人的口鼻那里放一放，不动了，或者拿个很薄的纸测验，呼吸没有了，就是走了。

再回转来讲，当人要死的时候，身体像被压住，不能动了，地大开始死亡。临死的人感觉是做梦一样，感觉自己要到一个地方，很黑暗，或者有点亮光，给东西压住。那个痛苦比梦压还难过，梦中只是被压住难受，到死的时候，那个压住像两座大山挟拢来一样的难受。

到水大分散的时候，意识分散，好像进入梦境，掉到水里去，掉到海洋里，还听到水声，像海洋的声音，实际上是身体内部的变化。

等到风大分散，气到了喉部，迷迷糊糊，在那个境界里，感到台风把自己吹得又冻又冷，最后，"呃"一声，气断了。

这个风大的死亡一步一步上来，同时连到火大的分散，体温跟着风大的分散一步步丧失，身体一步步变凉。上面喉咙这里"呃……呃……"最后一口气上不来了，整个身体也冷冰了。

佛学吩咐你，这时候可以测验死者未来轮回到何处。这个人如果做人很好，道德很好，果报很好，来生还做人的话，全身其他部位都冷却了，胸口是最后冷却的，就是"人中再来"，当然还在轮回里头。这种人死亡，往往有个现象，临死以前，意识是清醒的，家里事情都吩咐好了，讲好了。然后，人死的时候，面孔慈祥，蛮好看的，人中再来已经显现出果报了。

如果人死了以后，身体其他一切部分都冷却了，但是，额头或面部或眼部最后冷却的，这个人也许升天。但是这个里头有差别，有些还是很生气的样子，就变阿修罗。阿修罗也是天人福报，是善生，升天的；有些变正人君子，脾气大。天人和阿修罗是有同等福报的，但是阿修罗杀生习气重，脾气大，好胜，格老子揍你，啊，……那是阿修罗，而天人是慈祥的。

如果死者头顶还是暖的，一定升天道；如果是学佛的，就是好生了。如果修持得好，也许见阿弥陀佛，到极乐世界，或者见观音菩萨接引。

以上这三种叫上三道，精神向上走的。为什么会向上走呢？《楞严经》上有两句话："纯想即飞，纯情即堕。"走精神修养的，有修养，又学佛，精神是上升的。"纯情即堕"，光走情绪化的，又做些坏事，堕落的，会落入下面三道。

下三道是指饿鬼、畜牲、地狱。如果死者一身冷却了，膝部最后冷却的，变畜牲。如果全身冷却了，肚子这里最后冷却的，是饿鬼道，变饿鬼。下地狱的，全身由上冷到下面，向脚底心下走，脚底心最后冷却，是地狱道。不过，下三道的死相一定很难看，几乎没有办法测验，也没有机会给你摸了，尤其现代人，哪有机会！上三道规规矩矩，还好测验。

这个人死过去以后呢，完全不知道了。《瑜伽师地论》中，弥勒菩萨特别提出来五种无心地，叫"五位无心"，就是极睡眠无心、极闷绝无心、无想定无心、无想天无心、灭尽定无心。你们还记得吧？这个心是指第六意识，不是指末那识和阿赖耶识哦！所谓见闻觉知，"知"是第六意识的作用，"见"是眼识作用，"闻"是耳识作用，"觉"是鼻识、舌识、身识的作用。到达无心地是第六意识关闭了，不起作用了。

第一种，"极睡眠无心"。那就是真睡着了，是无心地。你要晓得，说一个人睡了六个钟头、十个钟头，都不对。真正睡着的时间只有十五分钟，最多半个钟头，其他时间都在做梦。你觉得没有做梦，那是醒来忘记了，实际上，你脑筋没有休息过的。假使说会坐禅，完全没有念头，也不昏沉，禅坐十五分钟，你可以用十个钟头做事了，精神就充足。真的睡眠才是无心地，没有思想了。如果做梦，就仍然在思想。

第二种，"极闷绝无心"，是昏过去了。譬如后脑给人家打了，脑震荡，昏过去了；或者是开刀上麻药，昏过去了；或者有濒死经验的，我们这里有两个朋友，都说自己死过的，其实他们俩没有真死，不过也可以作为参考。

第三种，"无想定无心"，无想定是真正做到思想停止的一种功夫。真达到无想定，那也不得了，也是无心地。

第四种，"无想天无心"，无想定将来的果报是升色界天，那是很高的天人，是四禅天中的无想天，把思想关闭了，停掉了。当然不是成佛，也不是成罗汉，这是一种定力，也可以说属于外道的定力。可是能修到无想定很不得了，一般人还做不到呢。

第五种，"灭尽定无心"，灭尽定也叫灭受想定。大阿罗汉，想受皆灭，把思想、感觉都灭了，超越心理及物理状态，叫作灭尽定，是大阿罗汉境界。灭掉了思想，理性，情绪，妄念，分别思想；身体上感受没有了，受就是感觉。把知觉、感觉关闭了，把这些平时做主的关闭了，进入一种空定境界，就是大阿罗汉灭尽定。

这五类叫作五位无心，没有思想，没有意识，这个心是指第六意识，不是末那识或阿赖耶识。这五种无心，并没有包括生死两个阶段的无心。

刚才讲到一般人正常的死亡，死的那一刹那，也进入无心的境界。一般没有修行的人，死的时候，那个无心境界有多久呢？等饭后再说吧。

第三讲

南怀瑾：我们刚才吃饭以前讲生死问题，讲到死亡，一个人完全断气死了，第六意识昏迷。换一句话说，这个完全昏迷，就像是夜里睡眠的时候，完全睡着了，进入无心状态，第六意识一切都不起作用了。

我们在这个地方岔过来一个问题，就是你要问的，尸体火化对不对啊？是这个问题吧？

胡松年：有人问说，人死亡之后，宜择地埋葬。依中国人的习俗，安葬一事有风水之说，其与后代子孙的运势颇有关联，不知是否有其道理；如有，火葬之后，是否也需依照风水原则葬之？

南怀瑾：这就是说，在美国学佛的同学，也不止美国了，世界各地都有这么一个问题，就是听看风水的人讲，死人要选一个好地方埋葬，因为与后代子孙有关。

这个问题牵涉到一个大问题。关于尸体的处理，全世界各地的风俗各不相同，我们中国同印度的一部分地区，以及阿拉伯人，都是注重土葬。土葬的方式就很多了，中国人过去对安葬父母很重视，对生命很重视，人死后由子孙埋葬。在秦始皇、汉朝这个阶段以前，也就是两千四五百年以前，没有像现在这样注重风水；但是另有一种选择，古书上叫"卜葬"，用占卜来选择。有时严重的，帝王亲自打卦，决定墓地好不好。

中国的儒家是注重安葬的。儒家重视人生，注重对长辈养生送死。春秋战国前后期，长辈死了以后，子孙为了尽孝，必须选一个好地方，使逝者遗骨有个安详的住所，并不是为了保佑子孙后代发财升官。当时，儒家所倡导的只是一个孝心，孝的感情，给长辈找一个好地方土葬，保护逝者的遗体。

东汉以后，魏晋一开始，中国人就喜欢选地了，不再是卜葬。这个选地就要懂得地理，用现在的话来讲就是，对地下的环境加以选择了，认为墓地关系到后代运势好不好的问题。这种学问，晋朝以后才开始大流行。要选形峦，就是地理的形势环境；形峦以外加上理气，阴阳五行的风水，运气好不好，等等，这种观念一直流传到现在，认为墓穴是影响后代的。中国人严重地受到这种思想的这个影响，到现在也跳不出这个观念。

遗骨是不是对后代真有影响呢？这可以说是迷信，没有这个道理。世界上其他的民族，其他地方的人，他们不用这个注重风水的葬礼，后代也是一样活得很好！发展得很好啊！

阿拉伯人的伊斯兰教葬礼，也是土葬，不过与我们不同。中国古代对葬礼最重视的是儒家，讲究"衣、衾、棺、椁"四个字。埋葬前，给死人衣服穿好；衾，是被子，给他包围好；棺材弄好；棺材外面还有个套子，棺壳，叫椁；再加上按风水选址、修筑坟墓，花费很大。春秋战国时代，孔子前后的历史时期，儒士文化都是这样。

"衣衾棺椁"是厚葬，但是反对的人很多，道家就反对这个；跟孔子同时的墨子，更是绝对反对的，墨家是主张薄葬。孔子在《易经·系传》上也讲，上古的人死后，后人找个地方把他埋葬，"不封不树"。不封，不是不盖棺，而是不特意划一块地起坟，仍是埋葬在自己家族的坟地。不树，也不建一个碑或种一棵树，都没有。

后世的人重视衣衾棺椁，是重孝道的思想，舍不得父母，搞这个厚葬，是儒家的坚持。道家是认为，死是很自然的事嘛，"生者寄也，死者归也"，死了跟回家一样，不要注重这个形式了，只要把逝者收拾好下葬就好了。墨家呢，墨子这一派影响很大的，反对厚葬，主张薄葬，简单明了，葬了就好了，也没有管后代，风水影响后代是后人加上去的思想。

回族人的葬礼也很简单,他们忌讳说"死",因为伊斯兰教把离开人世当作一个人最后的必然归宿,并把它理解为"嘎来布"(肉体)的消失和"罗罕"(精神)的升华,是人生的复命归真,而不是生命的终结。他们把去世称为"无常",也叫"毛提"或"归真"。"毛提"是波斯语,就是逝世的意思;"归真"是对宗教人士逝世的称法。回族有句俗话说:"天下的土地埋天下的回回",主张"入土为安",人"无常"在哪里,就埋在哪里,不必回家乡安葬。而且主张"三日必葬",一般是早上"无常",下午埋;晚上"无常",次日早上埋,不能超过三天。把尸体擦洗干净,用白布包裹了,放进棺材,抬到挖好的坟坑那里,抽开棺材下面活动的板,尸体落进挖好的洞穴里,平躺,脸朝向麦加圣地的方向。再把洞口用土坯砌好,把空棺材抬回来。回族人"无常"后忌火葬,主张土葬,而且忌设灵位,忌送花圈幛联,待葬期间不宴请,出殡仪式简单、安静,一般不动用车辆,不雇用吹鼓手吹吹打打,也不讲究任何排场。埋葬不用殉葬物,不搞什么纸车纸马、童男童女等。送葬中禁止摆设任何祭品,不举行任何祭奠仪式。这个等于墨子所说的薄葬,简单就好了。因为身体也是地水火风,物质的还归物质,身体还归大地就好了。

其他的民族还有其他葬法。譬如藏族有天葬。

还有些地方,譬如东南亚有水葬的风俗,把尸体放在水里,让其随水流漂走。西方有些国家也有水葬,把尸体放在特制的船里,有的还放上鲜花,任其漂流。

所以,地水火风,都可以清理尸体,埋在土里自然变成土;丢在风里也会风化掉的。

火葬是佛陀提倡的,"一火能烧三世业",一把火把这个身体烧了,这个身体是三世因果的一个产物,用火把它清理了。

佛学讲业有三种:善业、恶业、无记业。"一火能烧三世业"的

"业"，不是"孽"，"孽"是完全属于恶业。我们一辈子的行为，只有三件事情：有时候做善事，思想行为善；有时候恶；有一种无意做的，自己不知道，意识上并没有为好事或为坏事而做的念头，就是无记业。譬如夜里睡着了，有蚊子咬，你随手拍打，然后又睡去。早上起来，见到血迹，原来打死了蚊子！这个不属于故意杀生，是属于杀业中的无记杀业，法律上就是没有杀的动机。再譬如我们坐在这里，一把刀不小心甩出去了，结果落到楼下伤了人，也属于无记业。

所谓"一火能烧三世业"，只不过在身体外相上把三世业烧了，这个身体也是过去、现在、未来因果的一小部分。不要以为"一火能烧三世业"，什么因果都不用还了，当然要还！因为因果报应是烧不掉的。这个是唯心的道理，阿赖耶识把你做事的种子都留着呢，时候一到就报应。身口意的一切行为，都记录在阿赖耶识里，变成种子，因缘成熟时，变成现行果报。身体不过是阿赖耶识极小极小的一部分作用和现象，不过是三世因果中的一小段，一个小现象。现在是讲唯物身体方面，特别注意啊！一火能烧三世业，是讲身体，不是唯心方面。

如果说一个墓地，会影响后代子孙发不发达，这个是言说道理，讲讲而已。也可以说，是人类自己的观念造成的道理，观念上认为风水会影响后代子孙。

如果把全国的人做个统计，有些人后代很好，也许祖先并没有一个好风水葬地呢，有些葬地很好，后世却很坏。所以这个不是真理。我们刚才提出来，这是言说道理，是一般人自己认为的，然后构成了意识上的一套理论，硬说是对的，其实是没有道理的。

风水是什么？是葬地不被雨水淹，不被风乱吹，这个是孝道精神。等于我们坐在这里，说你后面窗子关好，避开风，有风或有雨水来是有伤害的，所以把衣服穿好，把膝盖盖好，保持温暖，是这个道理罢了。现在提倡火葬了，所以也不必为了孝道，非要找个地方土葬不可。

所以你问，葬一个风水好的地方，对后世子孙有什么大的影响吗？答案是没有。拿佛学道理来说，包括我们的祖先，包括我们的后代，包括朋友的祖先后代，所有遗骨，通通是一个本体，一个生命功能的现象。这个生命功能叫阿赖耶识，同体的，各有自己的因果报应。并不是说，我好他就不好，他好我就不好，不是这个道理。这里头的学理讲起来很多，用《楞严经》上一句话，"不作圣解"，不要把这个当成了不起的道理就是了。

那你说，为父母找个好地方下葬，自己心安，这个是对的，是孝道精神，如果是为了墓地对自己好，对我后代好，这就不对了。"若作圣解"，自己认为有这种理论，"即受群邪"，那就是疯了，是着魔的思想，不是真理。

好，这个问题连带讲过了。

我们吃饭以前讲到，这个人死了，遗体还摆在那里，地、水、火、风离开了。再补充说，一个人正常死亡，四大里面什么先出问题啊？地大分散，对不对？第二步呢？水大分散。第三步是风大跟火大一起分散，所谓风大跟火大一起来的。

这里，你们研究佛学的要注意，我们现在活着能够有思想，这个心意识是哪里来的？所以唯识法相告诉你一个重点，就是暖、寿、识三个条件。暖是有温度，保持肉体生命活着一定得有温度，这是火大的关系；寿，有温度就有寿命。所以，看我们这个地球上，越是温带热带的地方，生物越茂盛，一到寒带，冻住了就不行了，生物种类很少。所以有暖、寿，才有精神意识起作用。暖、寿、识是三位一体的。

可是，暖、寿、识跟风大，就是我们讲的气（包括炁，即先天的气），是什么关系呢？

这个气的作用，是生命的"根本依"。暖、寿、识根本靠什么？

靠气的作用，靠风大，不只是后天的呼吸，还包括先天的气。所以死亡的时候，最后一口气停了，就是风大停止作用。是停止喔！不是风大不存在，风大还是存在，不过停止呼吸来去生灭的作用，来去就是生灭。接着火大也停止作用了，这个叫作死亡。

死了以后，体温就凉了。我们活人，男女相爱，或者对父母兄弟，你可以抱起来、背起来，很轻灵。等到他气不来了，就非常重，抱不动了，没有气就不轻灵了。所以我们活着时的身体，轻巧灵便，随便活动，就是这股气的作用。年纪大了，身体笨重了，甚至动不了，是气已经弱了；水大增多，水大都变成了病；火力也不够了。现在人讲笑话，那个"贼"啊，已经死了一半以上了，都不行了。

这里有个科学问题，请问，零下多少度时，还有温暖没有？如果做个科学的答复，应该说还有温暖，不过是零下多少度的温暖，对我们来说很冷了，但不能说它没有火大。

地、水、火、风四大，每一大里头，都具备了四大的功能；比如火大里头，也有水大、风大、地大、空大。每一大都如此。本体上都有这些功能。同时，佛学很科学地告诉你，"四大性离"，地、水、火、风四大作用，各有各的性向范围，但是无自性，四大各有范围，各自成立的。譬如这个火烧了，火大起来，拿水一浇，水比火力量大，火就熄了，克掉了。如果火力大，水力小，水就烧干了。所以说，四大性离，无自性，各自作用分离，各有各的作用范围，可是呢，它们的作用互相生克，哪一个成分较多，就克制另外那个成分少的。这个道理是很简单地给大家讲，如果用科学的道理讲，就很多了。

所以说，"四大性离"，是非常具有科学性的，四大是四大类的作用及现象，没有独立的自性，也可以说它们的自性是空的、无我的，它们都是心物一元这个本体的功能。所以四大的现象，由生到死亡、毁灭，这个变化是量变到质变，质量互变的。

四大功能作用，加上空大、觉大、识大，这七大作用没有生死过,没有增减,都是本体的作用,没有各自独立的自性。怎么叫没有自性?就是没有真的自我独立存在。打个比方说,我们身体的各个器官,心、肝、脾、肺、肾,各有各的作用,但是每个器官并非真的独立。它们作用虽然不同,但前提是都属于这个身体,离开身体,它们的存在形式和作用就改变了。

七大的本性也同我们生命的本性道理一样,也是不生不灭、不增不减的。所谓生灭、聚散、增减、垢净、高下、善恶、是非、因果,等等,宇宙一切物质现象、精神现象、作用,都是七大功能的变化现象、变化作用,用《楞严经》的话讲,七大都是"清净本然,周遍法界,随众生心,应所知量……宁有方所,循业发现"。七大类作用,本来不生不灭、不垢不净、不增不减,都是心物一元的本性、本体的作用;并且因众生的智慧差别,产生个体及群体行为差异,结果也就千差万别。这些行为、结果,其实都是众生自己造作的,不是别人替你做主的。

讲到地、水、火、风四大无自性,无自性是说它们没有单独存在、永恒不变的性质,它们都是本体的作用,好比一个人的四肢一样,各有作用,但不是独立存在的。水也好,火也好,风也好,它们随时变化作用,还归于空;也因为空,起了这个变化。这里头完全是个物理科学,是质变与量变的关系,现在自然科学的研究也在向这方面推进。我们那个朋友,科技大学朱校长,正在写量子力学这方面的科学普及著作,完全讲科学的。他把稿子寄来给我看,我看了很佩服他。

我们回转来看,那个死人还躺在那里啊!刚才讲到死,这个时候,完全过去了。刚才说要补充说明的,是在人死以前,先是地大变化,人先老化了,身体都动不了了,觉得不灵便。你们大家年纪都不小了,我一看,同我一样,都很老了,身体不像年轻时那么灵便。可是你们呢,智慧那么低,以为自己还可以活个千把岁的样子,不晓得自己已经是衰老不堪了。跟十几岁时比一比看,差远了。这是很可悲的事。可是我现在有时候测验自己，十几岁时的一些动作，我同样可以做。为什么？因为我注重修持它、锻炼它。你们没有注重这些，所以走路也好，眼睛也好，什么也好，很老化了。我就回想，当年我们十几岁，如果站在你们这一班人前面看你们，我早就跑了，跟这群死老太太、死老头子在一起，好讨厌哦！哎，可是你们现在，活得蛮有精神的，还是觉得自己前途无量、后途无穷的。我想想有时候蛮好笑，嘿，这批笨家伙！呵呵，佛说的，愚痴众生，又笨又痴。痴，就是没有智慧。

我们现在人衰老了，第六分别意识越来越顽固，老年人的主观认知越来越讨厌，所以老年人跟年轻人有代沟，讲不拢。老人一开口就骂年轻人，我都活了几十岁，还没有你懂吗？其实这一句话是不能成立的，这是老年人的傻，愚痴众生。你活了几十岁，第六分别意识的知识污染多很多，你智慧并没有高啊，常常反而是下降了，不过经验多一点而已。可是对于呈现本有的智慧而言，凭借经验常常变成障碍，变成污染。青年人，尤其小孩子那个智慧，不靠学问，不靠后天经验出来的，那个是智慧，比你高啊！可是老年人偏要固执，分别心也多。

死亡到了地大变化、水大变化的时候，第六意识慢慢散开了，昏迷了，自己思想做不了主了，也懒得想了。人一到老了以后，什么事情你讲给他，"啊，我不知道了，懒得想。"老年人想的都是年轻时的事，目前的事，你给他讲，他随时忘记。看书也记不住，老年人不会读书了，看了，嗯，觉得很有道理，可一个字都记不住的，他脑子已经在死亡了。所以你们现在读书，还不如我们这样大年纪的人，要记它还是很深刻地记住，同年轻时一样；你们不肯记，不是你们不肯，是你们的意识已经死亡很多了，你不要以为自己的意识还活着。老年人这个意识，知识染污越多，越活越老，事情越来越烦，把那个清明的头脑、那个智慧，越发涂上污染，越发盖住了。

所以坐禅修行，是叫你放弃一切妄念，就是把涂上的颜色一点一点都除去，都丢干净，恢复原来的生命。可是你们做不到，所以死亡的时候，和普通人一样，当水大一分散的时候，第六意识分散了，做不了主了，剩下来只有一个做主——还"知道"。"唉哟，我好可怜，天哪，我快要死了！"那个是第七识，意识的根，分别意识已经不清楚了。

等到"呃……呃……呃……"根本依的那口气，最后一声断了，这一口气散掉以后，火大也没有了，那时第七识——意识的根，完全分离了，这个分离以后，是真正死亡了。不过，一般唯物学者的观点，认为一个人死了，什么都没有了。

人死后，四大不起生命的作用了，生命的根本依散掉了，那么这个身体呢？摆在这里怎么腐化？这就是不净观、白骨观里要讲的。

肉体摆在这里，不是马上烂的。真正开始腐烂，是十几个钟头后慢慢开始的。肉体的烂，是先从眼睛这里开始的，所以法医验尸，先扒开那个尸体眼睛看看，就知道这个人死了多久了。

一口气断了以后，死者的身体是软的，所以赶紧给他穿衣服。再过几个钟头以后，身体硬化了，骨节都不会动了，穿衣服困难。

大概十多个钟头以后，又开始由硬慢慢变软了，软以后，皮肤外面变成淤青，然后腐烂。四大慢慢分解，水归于水，地归于地，火归于火，风归于风，一段时间以后，都化掉了，归于空。

地、水、火、风化掉，同我们有什么关系呢？这是属于第八阿赖耶识的部分了。如果这个死人躺在那里，还没有超过二十几个钟头，说去请法师们给他念经，在旁边念佛，这又是个问题，等一下再讲。

譬如去年，我们一位同学去世了，他们大家去到那里，就赶快拉他头顶中间的头发，告诉他："某某啊，不要留恋，赶快走，念佛！我们大家和你一同念。"大家站在旁边帮忙念"南无阿弥陀佛"，引导他走，提醒他："你听到啊，你随着念佛的声音，跟佛的光明走。"

现在有很好的念佛机，你就赶快放，告诉亡者，随时提醒亡者注意，因为他那个时候已经不能注意了。很多人学佛一辈子，到临死的时候，他念不起佛了，不会念佛了。他想念，但念不起来，因为他平常没有智慧，以为非要嘴巴里念出来南无阿弥陀佛，才叫念佛。这是不对的！真的念佛、念咒子，到那个时候，虽然嘴巴念不出来，一个字也念不出来，可是心里头还是想到佛啊，准提菩萨啊，有这一念在，这个就叫念佛。提醒大家注意，这一念叫作正念。

旁边人提醒他："某人啊，你不要忘记了佛啊，从这里走。"拉他头顶心的头发，提醒他，告诉他："你现在不论看到什么境界，等于打坐一样，什么境界你都不要管，很恐怖的鬼啊，阎王，天神，不论什么恐怖的都不要怕；什么好的也不要受诱惑，你就一心想念着佛，就这样……"他能够按照这些提醒去做，就会超出这个生命，来生就不同了。

在这个阶段，我们旁边人尽管讲，可是他断气以前，我这样大的声音讲话，他听到是蚊子一样的叫声。所以这个时候，你最好用清净的梵音，配上引磬，这个引磬的声音很容易提起他注意，跟着提醒他："你心里念着佛，你这样去，看到一切境界，要像打坐一样，所有恐怖、喜怒哀乐，任何的现象都不能理，一理就被骗走了，被另外一个生命骗过去了，专心想念着佛。"一边敲引磬，一边提醒他，一边带着他一块儿念佛。

所以叫你们练习禅定，一切念头、感受不理，一切境界不理，再慢慢培养行住坐卧中的定力。《金刚经》上告诉你："凡所有相，皆是虚妄"，你做得到吗？在这里就可以考验了。一个真有修持的人，他在断气以前，他的正念是存在的。譬如修密宗的人，或者修净土宗，观阿弥陀佛的人，他到这个时候，嘴里念不出来，气力没有了，意识分散了，但是他的心念，不去管自己死不死，只要想一个佛像，心中想着佛的这个正念存在，他一定得救，上升了。这个叫念佛，不是嘴里念。

所以,我跟一般不懂这个道理的人说:"某人啊,你这个时候念佛啊!"很多学佛的答复我:"唉……老……老师啊……我念……念不出……来……"我说:"你好笨蛋啊!你怎么会跟我讲话?你跟我讲话,这个就是念啊!念佛,就是念头里有个佛的观念,并不是嘴里在念阿弥陀佛。"可是他已经听不懂了,意识力量不够了。所以看到很多学佛的人,不管学密宗、禅宗、净土宗,到最后都是没有把握,做不了主。我们用四个字批评这种情形,叫"浪死虚生"。不管出家,在家,学佛,信其他的宗教,白活一辈子,到临死做不了主。所以很多信宗教学佛的,都并没有得到好处。

现在还是回转到死亡。我刚才讲,人已经断气,进入无心境界。在这个气将断未断之间这一段,我们站在旁边的人,要给将死的朋友帮忙了,提醒他、带领他念佛,这也是一个观待道理、作用道理。

那么,真死了的人,怎么样产生中阴?刚才我们开始介绍过,就是这个生命死了,还没有转变成另一个生命以前,中间存在的这一段,叫作中阴。中阴身有神通的哦!人死后,处于中阴身的这个阶段的时候,是没有空间阻力的,只要想到自己的亲人或情人,马上就到他们的旁边了,自己还告诉朋友:"我已经死了,你不要难过。"不过对方听不见,可是我们活人讲的话,中阴身都得听见。中阴身有五通,有神仙一样的神通,他什么地方都可以到,山河、墙壁、时间、空间,没有阻碍。其速度之快比光速还厉害,所以我叫这个速度为"念速",快得很哪!

其实你们这一班人在我前面,目前坐着的这几个学佛的人,根本没有真的在修行,没有在用功,影子都不懂,包括这些年轻的同学都在内。所以你们修行禅定,我常常告诉你们注意,你们要晓得,一呼一吸中间有很多个刹那,一弹指就有六十个刹那,一刹那中间,意识有九百六十个变动,但你自己不会发现。你的心,不到那个真正禅定的宁静境界，就看不出来自己思想念头那么快速的变动。这个快速，比光速不晓得快多少倍，现在你看不出来，真得定了，就看得出来。从白天到夜里，二十四个钟头，有十三亿个意的转动，这个数字你说可怕吧！我们思想变化就有那么快，像孙悟空一样，一个筋斗十万八千里！跳来跳去，没个安稳的时候。

所以念头真的达到清净，修到止观，这些杂念才变化。这个变化是什么？行阴的变化，行动的变化，清净了，才进入定境，才得定。所以，你们随便说，这个得定了，那个得定了，是啊是啊！得定了……完全在自欺欺人，说着玩的，哪个得定了？你连自己念头在动都看不清楚。譬如我同某某谈话，我说，你不要乱讲。他说，老师，我没有乱讲，不过讲几句啊。你看讲了多少乱讲！我这样说是因为我可以开玩笑，对别人还开不了玩笑的。你想想看，多可怕，这个思想念头，明明骗你自己，自己还不知道！

中阴身的念头转得也很快。中阴身的五通来了：神足通、天眼通、天耳通、他心通、宿命通。所以人死了以后，等他醒过来，就是中阴身生起来了。看到我们在哭，他在旁边劝我们不要哭了，"我已经走了，我也很难过，你们不要哭。"他拉我们、劝我们，我们听不见。中阴身可是听得见我们的，你做些什么事，他随时过来看见的，山河、墙壁对他没有阻挡，这个物理世界对他毫无障碍。

普通人死了，由死亡那个彻底昏迷的无心状态，到中阴身形成，大概要多少时间，就很难讲了。当然有个时间，要准确地讲，以现在科学的计算方法，非常难。我们普通人睡一觉到醒来大概五六个钟头、六七个钟头。由彻底死亡到中阴身开始醒转来，大概十来个钟头。

中阴身醒转来，好比我们睡觉醒转来相似。所以你们讲修行，我请问大家，大家都睡了几十年觉了，睡醒后是怎么醒来的？我请问，哪个知道自己是怎么醒来的？恐怕没有人知道。如果你说你知道，不可能的,你是已经醒过来以后的回想,才知道,那是分别意识的作用,那个不是的。

换一句话说,我们晚上躺在床上睡着了,大家睡了几十年,你知道自己怎么睡着的吗?也不知道。如果说你知道,你既然知道,可见没有睡着,对不对?真睡着了就不知道。等于我们现在问你,妈妈没生你以前,你是怎么来的?你不知道。死后怎么去的?也不知道。这两个问题是一样的,大小而已。

在观待道理上讲,一个人清醒等于活着;睡着等于死了;睡醒以后,又是一个生死。所以真讲生死,不是父母生你的时候叫生,死的时候叫死。其实我们每一个白天夜里都是一个生死。更细地说,念念都在生死、死生中,这个你更不知道了。

我们刚才吃饭以前到现在,讲的都是思想观念的生生灭灭,乃至身体的新陈代谢,这中间已经是很多生死了。吃饭以前,我们大家坐在那里休息,谈谈话,等着吃饭。饭后,好朋友在一起,叫某某玩这一套了(指看到普通人看不到的超能力)。嘿嘿,怎么样?他说看到这样,看到你身体那样,都在那里瞎扯。一念一个生死,都过去了。

现在就是一念,每一个念头是一个生死,你没有看清楚。这个念念生死中间没有看清楚,那你怎么修行啊?哎呀,我在念佛啊!我在打坐啊!我在念咒子啊!我在做观想啊!都是自欺欺人。

修行,是智慧之学,不是这样随便的就说是修行了。我今天能够给你讲出来,是以我的智慧跟你讲,不是我看了佛经来跟你讲的。佛经里有啊!但你也看不懂。你们现在听我讲了,认为现在懂了,你懂个什么啊!是我懂!你不过听听而已,这叫声闻众。听到声音以为自己懂了,你没有证到,你是听了我的言语告诉你的,是观待道理,你没有达到证成道理,你没有求证到,你听懂了有什么用啊!不要骗自己。

我们这些朋友,每天晚上喜欢来,说:"老师啊,看你一眼也舒服一点。"舒服个啥!坐在那里听我吹牛,因为上茶馆要花钱,去跳舞厅要付钞票,到这儿有茶喝,又听我乱吹。吹一顿好开心啊,一毛钱不花,当然高兴来看我,自欺欺人!都在那里骗,认为自己也在修行,修个什么行啊。

所以我经常说,你们真修行就要懂永嘉大师两句话:"实了因之所了,非生因之所生。"那是智慧的解脱,不是做功夫啊。这个道理要真懂了,你要智慧去解脱的,不是盲修瞎练的。所以说,修行是个科学,先把这个道理通了,再说求证,求证不到不行。

我们讲了半天,这个死人还在死亡的无心境界中,还没有醒转来。因为要讲这个,马上就发现,还有许多相关的道理,必须先要知道的,所以岔过来讲了半天。

现在回来讲,这个人死过去了,在中阴身要生起的时候,忽然,好像人醒了一样。这个时候,要醒来的时候啊,佛经上告诉我们,一个强烈的亮光就来了,非常强烈。可是你要注意,佛经那么讲,不要上当,这个光,不是太阳的光,不是月亮的光,不是电灯的光,不是一切的光,而是智慧之光。等于我问你,我们每个人睡醒了,醒来的那个第一个瞬间,怎么知道醒?大家不知道,醒过来才知道,那个是智慧的光明。我们现在睡醒了以后,眼睛还没有张开,但自己觉得醒了,这已经是第二念了。第一念,我们睡够了以后,"啪!"这是比方,"啪!"电灯开关一样打开了,这个属于光明,是智慧之光,不是有形有相的。不过有时候也有形有相,譬如我们早晨睡醒了,或者中午一觉睡醒了,哎哎……我醒了,你那个时候迷迷糊糊,还有点亮光,有时候偶然有点经验对不对?那个亮光是迷迷糊糊、阴阴暗暗的。

这个身体叫中阴身,跟梦中身一样。你们想想看,你梦中有没有身体啊?有。你看到好吃的,也会感到香啊,也会哭,也会笑,也觉得被火烧会烫,被水淋会冷,刀砍你一下,也流血会痛。中阴身如梦如幻,梦中看到害怕的,怕死了,还会跑,对不对?中阴的道理也一样。为什么用这个"身"字呢？因为还有眼识、耳识、鼻识、舌识、身识、意识的作用，还有思想，这个是唯心所生的，可是它有这个作用。换句话说，他没有真正的眼睛、鼻子、舌头、耳朵、大脑、身体，但他可以看一切，色、声、香、味、触、法，他都会感应的，这个叫中阴身。

好，现在只讲到中阴身的生起。可是我今天开始时给大家讲，佛法的基础在三世因果，六道轮回。六道有很多的生命作用，我今天告诉大家的是人道里头的生死，并且是正常的生死，对不对？没有讲其他生命的生死，更没有讲人的横死，大家要记住哦，听课没有这个逻辑，就不要来听我的课了，不要听错了或听偏了。这个要记住，现在是讲人类正常的死。

实际上，死后有中阴身是不容易的。极善的人，即这一辈子好事做得多的大善人，有修行的，死后没有中阴身，这种人一断气，立刻升天了。或者是修成功的出家或在家人，往生极乐世界，或者其他佛土，有时候气刚断未断，已经到那里了，不经过中阴，中间没有停留。极恶的人，也没有中阴身，马上下去了。除去极善极恶这两种人，其余的人才有中阴身。所以，中阴身谈何容易啊，还可以停留。

我开始学佛的时候，有一班都是老前辈，修密宗、学禅宗的，大家都很爱护我，大概缘好吧，我都欠他们人情的。我们在一起聊天，老前辈问我："哎哎哎，师兄啊，中阴身有两个地方不能去，你知道吗？"我说我知道啊。有些是考问我，有些是真的不知道。哪两个地方？一个是，不能进菩提道场，就是开悟的地方。譬如释迦牟尼佛在菩提树下打坐，他那个境界，中阴身进不来，进来他也开悟了，成佛了。换句话说，有个禅堂，像我们现在在这里讲这个问题，中阴身也进不来，除了我心念里头说，一切护法神，你让他们进来听一听吧，结个善缘了。否则，这个智慧的光明，中阴身进不来。

第二个是，不能进产门。产门就是女人临产的部位，孩子要生出来的地方，也就是女人的下部。为什么中阴身不能进产门？唉，我说你怎么那么笨！进产门他就转生了，变婴儿了。中阴身一不进菩提道场，二不进产门，进来就不是中阴身了，其他地方是无往不利，挡不住的。

其实我们活着的这个中有身也一样，我们的念头要想什么，你要想一个女人，女人想一个男人，想跟他做爱，你一样在做爱，都可以想象，好像真的一样。可是你实际上做不到，为什么？这就同意念有关系了。

中阴身有没有生死呢？有生死，七天一个变化，昏过去，再醒来。

我看了几十年，今年活到了这个岁数了，经过多少风浪！看过很多朋友，我真的很难过，看到有些现象，唉哟！尤其你到有些屠户的地方，杀生杀了几十年，有些本身已经像个畜牲了，他自己不知道。很多人还没有到中阴身的时候，已经变了，这个就是因果。

你再看佛经上面讲的，这个人可能从六道当中哪一道来的，有些是快要进入那个坏道去，有些是坏道里头转来投胎变成人的，他那个余习，剩余那个习惯，以及相貌，都显出来，你们看不出来而已。所以，神通是什么？智慧就是真神通，就看出来这个人是从哪一道来的，因为他的余习没有断嘛，还带过来。

中阴身七天一个生死。一般书上讲中阴，很呆板的，说是七七四十九天的生命，每七天一转变。实际上并不一定，中阴有时候很短暂的，并不是固定的七天一个境界。我们所讲的七天，是以我们的时间来计算，在中阴境界的时间空间观念，与天人境界，地狱境界的时空观念，都是相对的，并不一样。譬如我们活着，最高兴的时候，好像只有几秒钟，实际过了几个钟头。在痛苦、生病、受罪、受煎熬的时候，一分一秒等于很长的时间。所以时间是相对的。得意时候的感受，时间是很短的；痛苦的时候，感受时间很长。

所以中阴的阶段，尽管讲七天一个生死，所谓七天，不是按人世间的时间来呆板地计算。这七天要出来什么境界，什么菩萨来接引你……实际上，这都是观待道理，方便的说法，不是固定的。这个等一下再补充。

中阴的存在，为什么七天一个大的变化？我们还没有讲到生哦！生命在娘胎里头，也是七天一个大的变化。我们现在活着，在这个人世间，也是七天一个大的变化，只是大家不知道罢了。所以真正学中医西医，要懂这个。譬如一个人伤风了，没有三七二十一天，不能完全断根，吃药只是帮助而已，使你轻松一点，它实际上也是七天一个变化。

中阴最多停留七七四十九天，这也是勉强的说法。古代民间传说，有些靠那个"过阴"，走阴啦，还有灵姑，把祖先的"灵魂"叫来跟你对话，还有跳神的，你以为真的是那个中阴吗？不是的。那个完全是阿赖耶识，那个走阴或灵姑，他的阿赖耶识、意识，配上你问的阿赖耶识的对话，那完全是个幻境，其实不是真实的。学佛的听到这个会笑死了，可是一般人却很相信。

佛教进入中国以后，超度亡灵，做法事要七七四十九天，就是为中阴超度的。这个道理，是说这个中阴也许停留那么多天，其实真能按那个标准的规律走吗？没有这回事。

今天先到这里，还没有讲投生呢。你们有什么问题，随便讨论讨论吧，我听听看。

第四讲

南怀瑾：徐某你来了正好，你先来报告你那个"死"的经验，我休息一下再讲。他很有意思，这位老朋友是上海人，很滑稽的，他对于死啊，认为是一件好事，因为他说自己有经验。所以，他的亲属死了，人家打电话告诉他，他说死了！那太好了！他妈妈气得大骂他。

徐某：我有这个亲身的经验，两年前特地请教过老师，老师听了觉得很好笑。

南怀瑾：很特别。

徐某：是这样的，大概在我四十岁的时候，有一次应酬喝酒吃饭。我平时大概黄酒能够喝一到两斤，那天只喝了一点点，因为那天我确实很累，突然觉得胸口发闷，出冷汗，人很难受，立刻就伏在桌子上，像休息一样。

这时候，我的意识很清晰地知道，自己"啪"一下就冲上去了，在三分之二是山、三分之一是天的这个环境上飘，而且感觉思维从来没有那么清晰。当时非常安静，一点声音也没有，一点杂音也没有，就那么飘。这个山也是模糊的，有一点点墨绿色的；天也有一点点颜色，像一种比较模糊的水墨画。我就那么飘，自己也看不见自己的形状，可是我很清醒，就在飘，很舒服。像是每一个细胞都彻底放松了。平时的状态都没有办法形容这种美妙的感觉，一种彻底的解脱，思维也清晰、集中，好像躺在那个无比高的丝棉被子上，飘……飘……飘……

我平时很爱女儿的，可是这时候我没有想到她。如果偶尔想到的话，就好像仅是认识的，跟我已经没有感情联系了，好像已经隔了几代的一种感觉。这种飘……突然之间，我意识到，我要回来了，一下子很后悔！然后"啪"一下子，就回来了。

回来之后，就抬起头来看看，一点事情都没有，也想不出我今天怎么会坐到这里；后来一看，我是在吃饭。我说，很抱歉，我刚才不舒服。他们也不惊奇，以为我累了，就那么歇一会儿。事后我问旁边的人，我昏过去多长时间？他说大概有一两分钟。

我以前是不信什么灵魂的啊！我从小是受唯物主义教育长大的。从这一次以后，我就感觉灵魂肯定是有的，而且这个舒坦的程度，根本不是能够形容的。不像是肚子饿了，想要吃口饭，吃块肉，吃个鲍鱼，那样的感觉，而是一种永恒的，彻底的解脱和幸福感。这种幸福感不是因为什么事开心，嘎嘎嘎笑，而是一种很静谧的，很安逸的，涌出来的幸福感。因为有这个经验，我就肯定我不是幻想，肯定我不是像现在很多解释，所谓死是什么神经质的暂时幻想，人在痛苦的时候昏过去，有反作用，有一种舒适的感觉，不是的。那个时候我思维非常清晰，很完整。

那时候，我就认识到，徐某是我这个灵魂的名字。因为我脱离了肉体，我的思维非常完整，一点也没有缺少，很清醒，我就那么飘……

我觉得有很多东西我是确认了，一个是肯定有灵魂。肯定有灵魂的说明很多了，可能是一种同类的东西，不管用什么名词吧，肯定是存在的。

我看了各种教义，看看都差不多。基督教说人有原罪，今世要怎么行善；佛教呢，也是回头是岸啊，怎么怎么的。我在想，好像宗教主要的出发点和归宿点，实际上都是在教人大慈大悲，然后这个灵魂就得救，不管说得救也好，什么也好，终归是可以升天了。天在哪里？不知道。是到另外的空间里去了呢？还是究竟到哪里去了呢？我也不知道。

我后来看《濒临死亡研究》，美国有几万个案例，看起来大同小异,全部是带有幸福感的一种解脱,然后各人有各人的经验,有些进入隧道了,有些听到美妙的音乐了,有些看到了他想看到的亲人了,各种各样。我体会下来,他们都是真实的,最终很关键的一点,他们都有一种解脱感,一种永恒的感觉,肯定是真实的,因为我自己已经体会到了。体会之后,我就发现唯物论跟唯心论实际上都是一件事情,实际上都是唯物论,另外一个空间存在的唯物论,客观存在的,不是虚构。我们现在是三度空间加上时间,所谓四度世界。阳性世界,肯定有很多度空间,只是我们的三度空间测不出来。

后来我发现,南老师也总结了生老病死,生离死别,痛苦的事那么多,幸福的事那么少,开心的事都很短暂,可是痛苦的事却是经常普遍发生的,而且是蛮永恒的。好比说肚子饿了,很难受,吃了一块面包觉得有点舒服,是吧!好了,你吃多了又觉得不幸福了。痛苦的事很多啊,你走路跌一跤就很痛。我发现,人活着就是劳动改造,不会让你开心。

所以,我一个舅舅死了,我说,哎哟好事啊好事。他生糖尿病比较严重,后来又有感染,两三天就死了。我觉得这是好事哎,一个人要死的时候受的折磨,是一辈子的痛苦加起来都不及呢,这么爽快的死是他修来的。我说,好事好事。我说给南老师听,南老师就笑。

南怀瑾:徐某,你热就脱了外衣,披在肩膀上,坐在那个位置,盘腿也好,不盘腿也好,没有关系,休息一下,旁听,要不要打坐,随便你。我们讲我们的,你一切自由。

今天继续昨天没有讲完的课程,这次是胡松年要求的。刚刚我在工作,因为过年收到很多贺卡,那么一大堆,不知道怎么处理。接到贺卡,接到信,我头大了,最好诸位朋友帮忙,不写信,不寄贺卡,因为我回也不好,不回也不好。很多我都不回了,这个搞下去,不晓得浪费多少时间精力。

贺年卡大概是民国十几年才开始流行的。中国古代一直到清末,没有贺年卡的。那个时候是农业社会，交通不便，所以知识分子要写封信拜个年。后来印刷发达了，有贺年卡，现在是越来越多了。我看这个浪费是不得了。开始我也回信，后来越想越不回。我觉得这是国民的浪费，好像是讲礼貌，又毫无道理。中国人现在过年真麻烦，又是圣诞节，又是阳历年，发贺年卡，又是阴历拜年，越来越多，乱七八糟，自己没有一套风俗礼节。这是顺便讲起。

下午的天气不好，真不想讲了，精神不行，到底老了。不过我答应了，还是讲下去。

徐某与王某这两个朋友，都有死的经验。我加两个字啊，"号称"有死的经验。怎么叫号称？他们自己认为这是死过去。等一下我解释，我不承认他们是死过去，没有真的死，只是濒死经验。

这个就是佛学所说的，几种无心位中的闷绝状态，像死，但不是死。意识没有完全离开身体，也没有完全跟脑分开。换一句话说，我们应该要做一个科学的实验才比较能说明。科学也是假定哦，因为到目前是如此，将来不一定，不要完全信以为真。我讲的也是假定，假定意识算一百分，徐某刚才所报告自己的经历，意识离开身体只有百分之六十，最多七十，那个意识的成分还在身体里头。换一句话说，留在脑里的部分意识关闭了，不知道了，闷绝了。但是离开的那部分意识是清醒的，因为没有了身体的障碍，所以特别清醒，如鸟出笼，很解脱，很自在，很宁静。这也是因为他的福报好，不是每个人都如此的。

类似情况，将来我们最好能有一个仪器来测验。他的意识在脑的部分没有完全脱离开，还留在左脑和后脑，形成类似很清晰的梦境。那么，在他的生命来讲，这是前面讲过的五种无心位的闷绝位，不是无想定，也不是无想天，更不是灭尽定，也不是真的死亡。这个五位无心你们要注意啊。

什么叫无心位？就是意识思想不动。一个是极睡眠，一个是极闷绝，一个是无想定，一个是无想天，一个是灭尽定。死亡和出生时，也各有无心的阶段。无想定是一种功夫境界，不是正统的定，但功夫是很高的。释迦牟尼佛也学过无想定，他修到了以后，认为不对就放弃了。无想定属于色界天高层的定，关闭了思想，但不是道，不是涅槃。

譬如徐某刚才报告，他昏过去那个时候是不是无想？不是的，仍属想，更不是无想定。但是他那个想，第六意识跟身体有部分分开的现象。

在中国古代叫作离魂症。有本古书讲一个非常好的文学故事，叫《倩女离魂》，在中国文学上是非常有名的，表哥跟表妹恋爱，家庭反对。

譬如陆放翁与唐琬，也是表兄妹结婚。结果结了婚以后，陆放翁的母亲不喜欢这个媳妇，媳妇本来是她选的，是她的侄女，最后强迫陆放翁离婚的。所以有名的《钗头凤》的词是陆放翁写的，以及唐琬回他的词，在中国文学史上流传下来，非常有名。

现在接着讲《倩女离魂》，是唐代的故事，父母反对表兄妹结婚，结果这个表妹，非要嫁给这个表哥不可。有一天，这个表妹跑到表哥这里，两个人结婚了，住在一起，完全真的。事情过了十几年，女的到底还是想父母，回娘家看看吧。结果，她回去把家里人快吓死了，为什么呢？因为这个女儿睡在床上十几年不死不活，就睡在那儿。这个女儿一听，也愣住了。家里人就把她带进房间，你不是在这里睡吗？喔，这个女的一下没有了，这个床上的人醒了。然后呢，他们兄妹也成为夫妇了。

在中国传统医学案例中，还有梦游症，很多人有这个病。我小的时候亲眼看到，一个我们叫他什么哥的乡下人，我家里的水是他挑的。我们大家都晓得他夜里会去挑水。他睡到半夜，穿好衣服，到处给人挑水，他会把你家的门开了，水给你挑满，然后他又去睡了。第二天,他也不知道已经给人家里挑满水了。这属于梦游症。

我后来带兵的时候,最注意这个事。在陆军部队带兵,最怕什么啊?做司令官的,最怕"闹营",也叫作"惊营"。譬如说,这个部队到一个偏僻地方,没有地方住,就住在祠堂庙子。我都亲自先查看,观察到哪里最危险的,就拿火烧一烧,或是拿个干草,熏一熏,意识里有点旧观念,我给你们烧香了,这些孤魂野鬼,你们出去吧。这个地方不准士兵睡,我自己睡,心里还是害怕的,不过是自己那个带兵的威严镇住了。因为睡这种地方啊,有些兵营几百人,夜里突然有人起来,拿着枪装上子弹,大喊一声"冲啊",所有的兵都会跟着起来拿枪上子弹了。这个时候,最重要是长官要镇定,要有智慧,就喊号兵:"吹号!集合!"他们就带着枪来集合了,"立正——向后转——开步走——睡觉",枪放下睡觉了,这样就行了。你如果没有这个经验,枪会乱打喔。因为他们在梦游中看到前面敌人来了,以为是真的,那就不得了了。一个带兵的,以前碰到惊营,司令官霉倒大了,非打败仗不可。

像这些事,现在军事教育有没有讲,我不知道。当年我们旧式军事学校也不讲的,都是秘密,大家自己知道,准备带兵的人都要晓得,因为这些事的后果会影响全体官兵。那个梦游的兵拿枪装子弹,像醒时一样喔!可是他还在梦境里,这种就是所谓的梦游症。

我看现在的医案,有许多人,社会上说是精神病,医学叫精神分裂。但是你听到精神分裂不要怕,要知道那是脑神经与思想的分离作用。这个要研究脑了。我又扯开了啊,不过讲到这里,多给你们讲点经验。你去看病,这个耳、鼻、喉是一科,它们的神经系统是互相连带的。眼睛不算的,眼科是眼科,它神经路线不同。你打坐修气脉,左脑、右脑、前脑、后脑神经不同,思维意识走的路线不同。所以精神分裂这个名称,不要认为是精神病。真懂得修道,懂得医学,一看很多正常的人,甚至很多大老板、学者、长官,很多很了不起的人物，实际上，他们的思维思想，也有精神分裂的现象。当年我们在陆军大学上课，非常注意学生，譬如说这个学生是少将，我们暗中已经给他记录了，他这个精神有问题，不能带兵的，只能做参谋，带兵会出问题，因为他精神意识、思维方式有不同。这是一个科学，牵涉很多。

讲到徐某刚才的报告，他是真的经验，但是，他的鼻子不通，鼻炎很严重，影响他的脑，不过我没有仔细研究他是左鼻还是右鼻。神经是交叉的，右鼻不通影响左脑，左鼻不通影响右脑。

所以我想，到庙港以后，我要成立关于脑的专科实验室，要买仪器。打坐得定的境界，同脑神经绝对有关联。一个人的健康核心在脑，人的脑子真的成熟，要到六十至六十五岁。这只是讲脑喔！好比一个苹果成熟了一样。我讲过，人的生命很可怜，刚生下来时，这个脑筋并不健全，到老了才成熟。你看东西方文化，科学这样发达，宗教哲学那么发达，我们一辈子真用到脑的部分，不过是百分之几，只用了一点点。这不是讲思维意识，思维意识是借脑神经起作用，借这个"电路"起作用。所以你才晓得，修道为什么会有神通。

也可以讲，徐某会看到另外一个时空，这是某一部分的脑神经，平常没有用，这时打开了一点。所以真正的神通，或者智慧的悟道，如果拿唯物观点来讲，同脑都有关的，密切的关系。

因此讲道家的经验，所谓"还精补脑，长生不老"，从身体方面讲，重点在脑。脑同思维意识都有关系，例如刚才徐某讲的"灵魂出窍"了，以及刚才我讲的精神分裂、梦游症、离魂症，与脑都有关系。但是你们要特别注意，思维意识不是脑产生的，活着的人，思维意识凭借脑的"电路"起作用，因此脑的状况对思维意识有影响。

譬如离魂症，有些聪明人，我们在座的很多，有时候他考虑一件事，自己想得都忘记了自己，忽然觉得，哟！这一下才回转来，已经小部分在游魂了，是那个意识脱离出去在思考。这种道理在唯识学叫作"独头意识"，它是相对独立的，那个意识好像是脱离了脑神经，但是没有完全脱离。独头意识在法相上是"独影境"，单独影像的境界。刚才徐某讲的，他也就是进入了这个情况。

有些人打坐，不管学佛家或道家，会进入他那种境界，非常舒服，在道家修持上讲叫"阴神出窍"。怎么叫阴神呢？我们拿刚才徐某的报告作例子，以逻辑的说法，我们完全承认徐某那个境界，那是他真的经验，他也不是编的，可是在科学上还是假定真的。他所报告的，那个出去的徐某在空中，他回转来看这个山是淡的水墨画，模模糊糊不清楚。换句话说，他自己好像在一个特别空间，另一个世界，非常舒服，心里没有烦恼；他刚才讲，他最爱的女儿，但想到女儿时，只是意识带到一下，好像这个女儿跟他的关系，是隔着好几生的事情，几乎没有关系了，不像现实中那个感情。那么当时这个徐某，有真的形象没有？没有，那叫阴神。

那么与之相对应的，什么叫阳神呢？如果修定，功夫到了以后，有意地变出一个或者几个自己，别人也可以看得到这个化身的。道家所谓"百日筑基，十月怀胎，三年哺乳，九年面壁"，然后才修到阳神出窍。道家讲的，"炼精化气，炼气化神，炼神还虚"，道家这部分理论跟佛家没有差别，不过道家讲的是唯物方面，规规矩矩把经验拿出来，佛家讲出来的原理比较多一些。阳神是什么？就是再变出来一个人。譬如有人在家里，在办公室办公，还跟孩子在讲话；同时另有一个他坐在这里。我们看到他，还跟他握手，他还跟我们讲话，这就是分身了，有形有象。功夫到这一步的人，是有的，你问他，他不会告诉你，只会笑笑，说没有这个事，你看错了，他不会承认。

譬如我经常提到儒家的人，到宋朝以后，把佛家的禅宗、道家的修持方法，拿到他们著作里头来，也有很高的成就。可是这一部分，现在的学者们看都不看。这种书很多，介绍的经验也很多，讲怎么样做人做事，讲修养。你们看《明儒学案》，有位罗近溪先生，江西南城人，是很有名的大儒，他对儒、道、佛都通的，修养非常好。他可以预知时至，知道自己什么时候死。在他死了一个多月以后，有同乡在江苏一带看到他，还讲话，"哎，罗先生你在这里啊？""是是是，你也在这里啊。"两个人还对谈了一下，还问候家里一下。回来一讲，乡里的人就说，你不要乱说，罗先生已经死了好几个月了。这一类就是阳神了。

所谓阴阳两个字，只是个代号。一个是有形有象的，叫作阳神。一个是无形无象的，叫作阴神。像这些故事，道家特别多了。

道家有句话，批评佛家一般打坐、参禅、念佛的，也包括道家的一般修行人，叫作"只修命，不修性，此是修行第一病"。有些修行人，热衷于练气脉啊，打通任督二脉啊，做功夫，练身体啊，这只是修命，不是修性，不晓得明心见性，这是修行第一病；这样的修行是一个错路，落在了身见上。"但修祖性不修丹，万劫阴灵难入圣"，譬如许多学佛的人，很多只讲学理，流于口头禅，身体一点都没有转变；有一点明心见性的，又不能念念不迷，这个身体的转变不去管，所以精、气、神不能凝合为一，这样充其量只修了一半，会出阴神，不会出阳神，只有等到中阴才可能成就，现世不会成就报身、化身。

所谓报身成就，是转变了这个业报之身。出阳神是化身成就，不靠妈妈，自己能生出来另外一个生命，别人也看得到这个化身的。我们平常从女人下面出生，修到阳神成就，从自己头顶上化生出另一个自己来。道家跟密宗的修法几乎是一个路线，这个不应该在这个课题上讲，今天是顺便说到，因为徐某讲了他的濒死经验，我一路打开了话匣子，就给你们讲了。

譬如，你们在座的某人，经常玩这一套，玩弄阴神，帮人家看这个看那个，玩久了对他自己非常不利，走进鬼道去了，将来变成灵鬼了。再看王阳明是个大儒，他学过佛家、学过儒家，有神通的。在王阳明的学案中，他也玩弄过神通的，但最后都丢弃了。王阳明比你这个本事厉害，他的朋友从很远的地方要来看他，他已经早知道了。到了那一天，他就出门在几里外等了。朋友说："你怎么在这里？"他说："我来接你的。"朋友觉得奇怪："你怎么知道我来？"他说："我早就知道了。"可是，王阳明后来放弃这个了。他说："此乃玩弄精神也！"所以，你看王阳明的学案，他是走儒家路线的。

王阳明当年很有意思的，出将入相。日本人明治维新是受他的学问影响，这叫王学。王阳明曾在江西做巡抚，那个时候的巡抚，比现在的省长还有权。有个故事，在关于王阳明的另外一个传记上，说王阳明到江西一个庙子去，他看这个庙子非常好，但是有个房间锁着。他问和尚，你这个房间为什么锁起来？和尚说，过去有个老和尚闭关，涅槃了，死在里头，吩咐锁着不准打开。王阳明一听，有问题啊！他是地方最高的首长，这个庙子有怪事，说不定里头是什么和尚做什么坏事骗人。他说打开！我看看。那和尚说，绝不能打开，我们两三代的祖师都吩咐过，不能打开这间房。王阳明越听越奇怪，非打开不可，说，马上给我打开！他那个威严一发，一下命令，和尚没有办法。打开一看，一个骷髅在那里打坐，前面桌子上有个条子，写着"五十年前王守仁，开门即是闭门人"。王阳明的名字叫王守仁，阳明是他的号，王阳明一下傻了，哦，原来他就是我！前身在这里涅槃，功夫到这一步，他预知自己转世再来时，会打开这个门。但是儒家呢，这一段公案不采用，不记载。儒家把很多真的故事拿掉，认为太"迷信"了，怕人家批评。

刚才徐某给你们报告他的濒死经验，他还有个朋友姓王，他也"死"过的，你（徐某）可以讲他的故事给大家听吗？

徐某：王某那次生了胃病，胃穿孔，大出血，只有四十的血压，他人一下子昏了过去，跟我的感觉差不多。他说，他看见那个花园啊，像是阳光明媚，有亭台楼阁，还有音乐，他就在树梢上面这么飘……最后他飘到前面，模糊的看到有一栋很小的房子，里面很黑，他等在那儿，不肯进去。可是有一种声音，有一种力量在推他进去，一定要他进去。我问他，你听到什么声音，他说想不起来，也许并不是声音，那个意思是有人说，进去进去，一定要进去。他一进去，就醒来了。他持续的时间比较长。

南怀瑾：那位王某是电力工程师，本来不相信这一套的。

第五讲

南怀瑾：我们昨天讲到一个人的正常死亡过程。可是有一点，大家千万注意，我常发现一般人逻辑思维不够，听别人说话时，主题在哪里抓不住，都被那些无关紧要的话带走；所以求学问，就要科学，先懂得逻辑。昨天讲的是人道中正常死亡，四大分散的情况，这个要抓住。懂得逻辑就晓得，这是生死大题目里的一个小题目，只限于人类的正常死亡。同时，你们的智慧要想到，那些非正常死亡，还有其他众生的死亡，是不是也这样？因为这次时间来不及，这个不是本题所讲的范围。不要认为一切众生的生死都是那么正常，真正正常的死太难了。

我们教书久了就晓得，一个老师在上面讲课，一百个学生听课，他们写心得的话，都不是老师讲的那一套，每个人抓到一小点就跑了。所以我现在有个结论——教育无用论。

学校教课也是这样，从小学起，为什么一班之中，有些学生成绩好，有些不好？因为有些学生的思维逻辑不够严密，主题抓不住，一边在听，一边玩弄自己的主观去了。这是很严重的事，不过现在兼带提醒大家注意。

昨天讲到四大分散以后，中阴身起来。我这也是用语言文字讲给你们听，就是所谓的言说道理。昨天上课，给你们讲四种道理：言说道理、观待道理、证成道理、法尔道理。言说道理是用语言表达的；譬如刚才请徐某报告，这是观待道理，以科学来讲，是资料和个案的统计。所以说，研究一个东西，都是相对性的，不是绝对的，不是肯定的。

"中阴"是佛学的名词，还有个名词叫"中止"，这是《修行道地经》中最初的中文的翻译，当时没有翻成"中阴"，也没有翻成"中有"。但是为了讲修持，第一个翻译用了"中止"，意思就是生命像流水一样，是分段的，过去流到现在，现在把它停在中间，昨天是昨天，明天是明天，今天的存在，是停止在这里，所以叫"中止"。

过去翻译成中止，已经用得很不错了，可是被后人推翻，因为后来十二因缘正式讲"有"，"有"就是现在存在于现实的世界；又因为人的观念叫作有，此其一。再以本体的道理，佛法的观念来讲，现实世界也是虚幻的，不真实的，所以十二因缘既确定了"有"，因此"中止"改称"中有"。

那么，为什么又叫"中阴"呢？刚才说以中文来讲，这个有也是观待道理。任何事物都是相对的，明显看得见的相对的事物，摸得着的，叫阳性的；摸不着、看不见的，就叫作阴性的，所以中有也叫作中阴，民间通常叫作灵魂。譬如刚才徐某的报告，那个灵魂出去了，是他感觉到有个东西出去了。因为他是中国人，他的意识上受这个教育观念的影响，把这个东西叫作灵魂，也是个假定的名称。这是中国民间通常的叫法，并不是佛教的专用名词。所谓灵魂，是很灵敏，几乎无所不知，无所不晓，有感觉，有知觉，可是它又不是个实体的东西。

所以讲中国字的来源，"魂"字是"云"字旁边一个"鬼"。鬼是阴面，看不见的；神是阳面，看得见的。严格研究这两个字，鬼与神，都与土地有关系，与"田"有关系。"鬼"是田字向地面下走的，阴性的电流，向地面下去，头上加一根头发一样的毛毛作为代表，这是鬼。"神"的右边中间是个田字，左边是"示"，属于上天的，田字上下通变成"申"了，合起来叫作"神"。一个田字代表土地，出了一点头叫"由"，就是萌芽，由来，就是田上长个东西了，光向上长叫作"由"；上下通叫作"申"，是伸出来；旁边再加个示，上天所表示的，叫作神。

这个"魂"字右边是"鬼"，通下不通上的，为什么加个"云"字旁？这个偏旁是"雲"字的简写，换一句话说，就是云雾一样，似有似无，所以叫魂。

魂与魄有分别，"魄"是物质的，生理的，我们生理上有气，像我们在北方，冷天呼吸，鼻子呼出来有白气的。魄，是实质的，有实体的。魂是没有这个实质，看不见的，像云雾一样看不清。魂、魄是两个东西，所以当我们受了惊吓，文学形容这个人"魂飞魄散"，魂就飞出去了，这个意识精神就像离开了身体一样；魄，身体受了惊吓，下面屙尿了，人发抖了，就是身上的物质的作用，四大不调和，就分散开，叫"魂飞魄散"。

所以，你看中国的古文，每一个字都有它的意项含义。

我们不要岔开了。再说中阴，现在生命科学正在研究，找了很多资料，是根据三世因果的道理。

中阴能记得很多生的事，中文有四个字来概括，很简单，叫"一灵不昧"，这个灵魂有这一点作用，没有暗昧，没有被遮住，自己还记得，叫一灵不昧。一般人死亡以后，魂飞魄散，如果有中阴，即使存在一灵不昧，也等于人世间不到一天的时间；几个钟头以后，他又无知了，又等于睡过去了，昏过去了，又忘掉了。

所以为什么修行要修定？如果拿文学来讲，修到自己一灵不昧，儒家的形容叫"昭昭灵灵"，昭昭是很光明的，灵灵是很明白，见闻觉知没有昏迷，一灵不昧。

什么叫得定呢？既不散乱又不昏沉，换一句话说就是儒学家、理学家讲的昭昭灵灵，一灵不昧，清清楚楚，没有妄想没有杂念。佛者觉也，觉就是从睡中醒了，觉悟了，清醒了。我们睡觉这个"觉"字就是觉悟！睡是昏迷，醒了叫作觉悟。佛是永远清醒的人，一灵不昧，昭昭灵灵，不散乱、不昏沉，可是一般人做不到。所以打坐修定,要做到这样才行。这是兼带说明。

中阴生起来以后,一点灵明,所以有些讲修行的书中形容,一道灵光就起来了,一闪就过去了。实际上,中阴身起来是像梦醒了一样。昨天讲到这里,对不对?在这个阶段,昏迷过后醒来时,中国有个说法,"生不认魂,死不认尸"。我们活着,自己不认得自己的灵魂,除非你打坐做功夫,到了一灵不昧,"看"清楚了,才晓得由自己的心念变成的灵魂境界是怎么一回事。一般人死后,中阴身看到自己的尸体也不认识。

在佛学里,灵魂这个作用属于"想阴"与"行阴"的范围。想阴是思想,行阴是生命动力的范围。当中阴生起,是行阴的作用,行阴是一股业力,快速得很。这个时候,你眼前像演电影一样,把一生的所作所为,好的坏的,善的恶的,都回忆起来了,快得很,你平生压制在下意识中的事,都出来了,善恶、分别、果报都来了,对不起人的事,对得起人的事,受委屈的事,委屈人家的事,统统都出现。不但如此,连前生所作所为都出现了。这时候,行阴发动思想回忆的这一股力量,叫作业报的作用,叫作业力,这股力量,都重复出来了。怎么证明呢?等于我们年纪大的人,目前的事情都忘记了,过去的事情却能记得很清楚。

现在我们提一个问题,在这个时候,有没有天堂地狱?有,天堂地狱境界也出现了。比梦中的快,比电影、电视、电脑不晓得快多少倍。

但是佛告诉你,没有天堂,没有地狱,没有这些事,都是唯心的作用,一切现象都是唯心所现。不只中阴境界如此,我们活着的身心内外一切,精神的、物质的,都是唯心所现。这个唯心是心物一元的心,就是哲学上说的本体。没有任何独立于本体之外存在的现象,都是本体的作用和变化现象。我们所认为的有或者没有,都是相对的,是我们意识假定的,是观待道理、作用道理,不是法尔道理。

从现象上、观待道理上看，中阴境界出现各种现象，是因为意识里头有这些种子，这时种子都爆发了。我们人的这一生，为什么变成男的，变成女的，每个人身体、遭遇、环境又各自都不同？这是前面多生多世的果报来的，种子生现行。过去多生累劫，我们所作所为，善、恶、无记，这三种业力，形成种子，因缘成熟时，种子会变成现行。这一生变成什么样子，一生的命运、遭遇、思想、情绪、习惯，就是种子变成现在的行为、现象。我们这一生的所作所为，加上第六意识累积，又变成阿赖耶识里未来生命的种子，所以"现行"又生"种子"……因果是这样来的。这其中，很多因素都是因缘所生的，因果太复杂了，最精密的计算机也算不清。

所以，从现象上、观待道理上看，佛也说，中阴这个时候有天堂地狱没有？有，都有，都会出现。

如果是一个信基督教的人，他看到的是《圣经》所描绘的现象，因为他的意识里头存在这些印象。其他宗教信仰的人，看到的是其他的宗教境界；没有信仰的人，他看到的是自己习惯意识里的形象。所以并不是说，中阴起来，第一个七天有什么菩萨出来，第二个七天如何如何……这是对于学佛或学某一个宗派的人而言，因为他从小只看到这个，他的环境如此，习惯了。如果他不是学这个宗教的人，连相关的宗教画像、塑像都没有见过，以及宗教环境都没有经历过的话，他看到的就不是这些了。像美国人看到的，就是白衣天使，圣母，或者他们理想里的境界。

这个中间有个问题，佛说"无主宰，非自然"，没有什么阎王、菩萨、佛，做你的主宰；你的生命，完全是看你自己因缘成熟，业报如何。这里面的重点是三世因果。所以，佛有一个最重要的盼咐，这个三世因果，就是你的心理行为和你平常做人做事，过去到现在无数生的行为，累积起来的，这是个动力。拿现在的话讲，也不是唯物，也不是唯心，但也包括唯物唯心力量在内，这个叫业力。前面说过，

"造业"包括善、恶、无记三种业。无记业是中性的，有时候记忆里没有，不要认为记忆里没有就真没有，无记业是有的，存在的，都会报应的。

所以学佛为什么要学戒定慧？有个基本的原则，有一个偈语大家注意：

假使经百劫，所作业不亡。

因缘会遇时，果报还自受。

"假使经百劫"，不管你过去生，多少时间，百千万亿年，"所作业不亡"，你所做的行为没有消亡，没有消失，"因缘会遇时，果报还自受"，我们所做的行为，在物理世界也好，精神世界也好，一切做过的事都有记录的。譬如，我们年轻时，所遭遇的最痛苦的事情，最喜欢的事情，永远不会忘，就算平常不去想它，但在下意识里都存在的。这就是假使经百劫，所作业不亡，没有忘失过，永远存在，所以这个叫"一切有"，不是"一切空"。因缘会遇时，就受这个果报，生死是这样来的。

佛学还有个偈子：

欲知前世因，今生受者是。

欲知后世因，今生作者是。

"欲知前生事"，你问自己前生是个什么人，做了些什么事，"今生受者是"，他说你这一生观察自己的行为遭遇，就晓得自己前生或多少生前做了些什么，才有今生这样的果报，以果看到过去的因。"欲知来生事"，你想知道来生或后几生怎么样？也很容易，"今生作者是"，看你这一生做了些什么。你欺骗了人，来生一定受欺骗；你杀了人，来生你一定还这个命债。一切一切，爱情也好，什么也好，都有前因后果。

所以中阴的境界起来的时候会发现，不但现在这一生，过去多生的一切事，一幕一幕很快呈现了，快到什么程度呢？有一个科学常识你们要知道，我请问在座的各位，人做一个梦，这个梦境长达多少时间？最长的梦不到五秒钟，这是以我们醒着时的时间计算，不是梦中的时间。

譬如历史上两个著名的大梦，黄粱梦和南柯梦。黄粱梦又有两个，一个是吕纯阳的黄粱梦，是汉钟离在长安点化吕纯阳的。另外一个黄粱梦是在河北邯郸，讲吕纯阳得道以后，点化卢生的故事。

我们现在讲汉钟离点化吕纯阳的这个。吕纯阳为什么出家啊？他去考功名，在陕西长安，肚子饿了，进饭馆，对面有一个老道士自己在那里做黄粱米饭。吕纯阳疲劳了，一靠就睡着了，做了一个梦。梦见自己一生几十年的事，怎么考取功名，怎么娶太太，生孩子，怎么样得意做官，一直做到宰相。最后，因罪被抄家，一家人都被流放，剩下年老的他，孤单一人，立马风雪中慨叹无常。一觉醒来，几十年经过，清清楚楚。抬头一看，对面老道士对他一笑，说："好玩吧？"老道士都知道他的梦。再看，老道士的饭还没有熟呢。一觉醒来，黄粱未熟，几秒钟之间，梦了几十年的事，这是吕纯阳的黄粱梦。

现在科学研究发现，一般的梦往往不到五秒钟。悲哀痛苦的梦，甚至梦中被压住，觉得时间很长了。当然，一夜常常做很多个梦，大多数人醒来都忘记了。每个梦都很短，但是在梦境中，你却感觉很长，有时候岂止几十年！所以说，时间是相对的。

还有一个是南柯梦，唐代的，说有一个人好吃懒做，却一心想大富大贵。有一天，这个人吃饱了饭，躺在院子里的槐树下睡午觉，梦见自己到了一个槐安国，遇到了公主，他就吹自己如何如何有本领，结果骗娶了公主，又做了太守。没过多少时间，敌国攻打来了，结果，他就被打败了，公主自杀，国王把他驱逐出境。他醒来之后，哪里有槐安国啊？只有槐树下两个蚂蚁窝。这个叫"南柯一梦"，同黄粱梦一样。另外还有一个庄子的蝴蝶梦，这些都是有名的，说人生如梦，梦如人生。

这里我们岔过来说一个故事。大家在文学上都感叹人生是黄粱一梦！清朝有个书生考功名失败，到了邯郸，想到吕纯阳点化卢生的那个黄粱梦，他很感慨，写了一首诗：

二十年来公与侯，纵然是梦也风流。

我今落魄邯郸道，要向先生借枕头。

"二十年来公与侯"，黄粱一梦里头，封公拜侯，那不得了啊，等于现在讲开国元勋一样的地位；"纵然是梦也风流"，你们说人生如梦，还感叹，我还正想做这个梦呢！"我今落魄邯郸道"，我是南方人，今天在邯郸，功名考不取，饭都没有吃，很可怜；"要向先生借枕头"，嗨！吕纯阳，你把借给卢生那个枕头也借给我吧，我也想做这么一个梦，这一生就满足了。

你看这首诗，意境特别高，代表了人生。据说这个人因为这首诗受到赏识，后来真的做了官，可是最后，也是个悲剧收场。他如愿以偿，亲自体会了一场黄粱梦。

我们现在明知人生如梦，但都很想做这样一个好梦。所以我上课讲哲学，常常引用这个"要向先生借枕头"。中国文学有两句名句，也是清朝人写的，"多情自古空遗恨，好梦由来最易醒"，像黄粱梦、南柯梦，一下就梦醒了。

回转来讲中阴的境界，要注意，不是都像有些书上讲的，第一个七天，哪些菩萨出现，有什么境界；第二个七天，哪些菩萨出来接引你……不是这样死板固定的。这些书讲的对不对？完全对，是某一个宗教、某一个习惯的范围。这类人没有接触到外面的知识和世界，从小到老，永远在那个殿堂里头，见到的只有这些。如果拿这个有限的知识去度一切众生，用这个学理跟人家讲，是不对的。

比如北极的因纽特人，也有宗教信仰。另外满族、蒙古族等，也有个古老的宗教，叫萨满教。譬如日本，大家认为是佛教国家，其实日本的国教是"神教"，佛教不过是日本宗教中的一种。日本信的是天照大神，是多神教，真正的全民信仰是这个神教。

世界上的宗教有几百种，每个人的中阴境界起来时，眼前所呈现的境象，都是他熟悉的一套。像我们中国人近几十年来，没有接触过宗教哲学的人很多，他的中阴境界、梦中境界，只有自己熟悉的一套。所以我看到有的人快死的时候说，哎呀，我快要死了，去见已故的老朋友。那也对的，因为他的观念里头没有其他的，他否定了其他的宗教。但是，一个唯物学者，或者其他人，死后的中阴会不会看到佛菩萨出现？可能会。因为我们不敢保证他前生是不是信奉佛教或别的宗教的。我刚才讲过，中阴起来的景象不是这一生，而是多生累劫的，比梦还要快。

大家问算命看相有没有道理？我说有啊，那是过去的定业，显现出这一生应受的果报。譬如有些人，一辈子很富贵，有钱，有地位，可是遭遇永远不好，身体也不好。另外我所晓得的，当年跟随孙中山革命，了不起的几个人，其中有一个大名鼎鼎的历史名人，他天生是"天阉"，天生阳痿，后来他收养一个女儿。天阉的人很多，我在四川时，有个大财主朋友在自流井，那是四川最富有的地方，出盐的，这个朋友一辈子享受，可是也是"天阉"的。他有这个功名富贵的果报，可是身体却是这样。

再看古代许多英雄才子，遭遇很好，功名富贵，可一身是病，那就是古人的诗："百年三万六千日"，活一百岁只有三万六千天，"不在愁中即病中"。的确有这些人，我也亲自遇到这些朋友。你说怎么说呢？人生的命运，以佛学来解释，那是多生累世的因果，也就是这句话，"假使经百劫，所作业不亡，因缘会遇时，果报还自受"。

刚才我讲了，不是说，第一个七天一定是菩萨什么的出现，第二个七天又如何，不是一定这样的。譬如西藏人，从小在庙子出家，一辈子也在这个庙子修佛法，他才可能是那个境界，勉强可以如此说。但是他的境界里出现的不一定是神、菩萨，也会有家属出现，因为他也有家属的情感，或者也有爱情的情感，等等。所以出现的又各有不同,不是那么教条的。

这个因果报应讲不清楚的,太复杂,计算机也算不清。所谓的六道轮回,我常常告诉修行人,去看《楞严经》由人道转生六道这一段,简单明了,比较有科学性的。你们出家讲修行做功夫,另一部很重要的经典是《修行道地经》,也讲到六道轮回的果报。但是这两部分,我不大喜欢翻译出来给大家看,因为你们看了以后,会喜欢观察别人,说这个人前生果报里带的是什么成分,这个人来生快要变什么去了,大家会有这个错误认识,而且忘记了自己反省,只看别人的过错。像你们在座的某人一样,闭着眼睛乱说,他这个因果就背得很大,他不知道自己乱说,在犯口过。

你(胡松年)那些问题,有些已经顺便答复了。其他一些问题,可答可不答,以后再说了,你晓得我这里很忙。

那么死以后投生呢?现在回转来,我开始讲这个问题。前面给大家有个交代,我说,这一次给你们讲生死,是倒因为果的讲法,还记得吗?先讲到怎么死,对不对?现在这样大概可以交代清楚了吧!我们现在要讲的,是怎么样来投生了,也是讲普通人正常的投生。

关于这个,佛学有好多资料,最重要的资料,是给我们正式学佛用的,就是《修行道地经》。其实后来,魏晋南北朝到唐之间翻译出来的佛经,如《大集经》,相关记载分散得很,这里一段,那里一段,要联系起来研究。再其次,《楞严经》只是讲生死的大原则。

讲生的问题以前,希望大家把十二因缘都要背来,尤其你们在家的居士们,出家的弟子就更得重视了,这个与所有佛法修持都有重要关联的,可是一般人都不记得。

"无明缘行,行缘识,识缘名色,名色缘六入,六入缘触,触缘受,受缘爱,爱缘取,取缘有,有缘生,生缘老死。"

老了以后死,死了以后再来,像圆圈一样的,轮回的,又从无明开始了。这十二因缘,你也可以用一、二、三、四……来标记。

所谓修行了生死,打坐修定,尤其是出家的人,出家是干什么啊?你们不要搞错了,认为打坐是练身体、养精神,平常你这样说,我只好笑一笑,我也不骂。严格地讲,你那是胡说,不懂佛法。佛法是求了生死,所谓"了生脱死"四个字,了了这个生,脱开了老死、病苦,叫作了生脱死。必须先把十二因缘搞清楚,这不是理论,是个科学。如果详细解释,用十几个钟头也解释不清楚,很多牵涉到现代科学。可是现在的佛教,出家在家的往往不懂现代科学,不懂现代知识,同我一样,好差劲!这个问题就严重了。所以,我说佛教佛学没有传承好,因为一般人不晓得现代自然科学,平常也不留意,就抱着一个佛学,认为最高明,自己把自己局限在一个范围里,还以为是全部了。

大小乘修行学理,包括般若、唯识法相、华严,统统依十二因缘发展,大家要搞清楚。佛是讲这个给那些跟他出家的小乘弟子们听的,这些弟子是完全听他指导的,自己不加以其他的知识、理想进行主观的思考、学习,只是专门学佛的,所谓"声闻众"。声闻众是来受教育的,自己没有独立思想,也不去深究。佛怎么说,老师怎么教,就怎么办,自己没有本事参究。大菩萨不是这样,他可能提出来意见,与佛对辩研究。

十二因缘,第一是"无明",这是佛创立的理论。无明是没有光明,依汉字解释,就是阴的,糊涂的,什么都不知道,佛学上常用这个名词。昨天我讲过,我们怎么样睡着了,我们是怎么醒来,你不知道,是糊涂的,那就是一念无明。我们坐在这里,忽然想到很远的事,这个突然的念头不晓得怎么来的,就是你们讲的动脑筋。爱做生意的人,在这里打坐,忽然想到要飞到美国去,有一个机会差点忘了,这叫一念无明。你说他是什么动机来的?为什么几十年前的事,或者前生的事一下想起?有时候我们的思想牵涉到前生哦,譬如一个完全没有想过、没有经历过的事,我们念头里忽然有这个幻想出来,我们叫作幻想，实际上有前生的因缘在，也就是一念无明来的。

这个无明，讲唯心的道理，是讲心意识一念无明。假使明白了呢？得阿耨多罗三藐三菩提，大彻大悟，已经把自己的根本找出来了，这个无明的反面就成为明了，就是大光明、大智慧、大圆镜智了。可是众生却并不明白，仍然念念在无明中。

一个科学问题来了，刚才我们提的这个无明，我坐在这里好好的，从来没有想的一件事，忽然一下想起来了，这个是什么来的？是"行"来的，有一股动力，是股力量，这股力量很大，永远在流动，千生万劫，没有时间空间的阻碍。所以佛解释生命的要点，有一部最深、最秘密的经典，叫《解深密经》，其中有个偈子，讲出来这个一念唯心的生命根本：

阿陀那识甚深细，一切种子如瀑流。

我于凡愚不开演，恐彼分别执为我。

"阿陀那识甚深细"，佛到最后，推翻一切宗教、一切哲学，没有上帝，没有阎王，没有神，也没有一个人格化的神叫佛，根本没有一个主宰。这个生命的本体有个东西，用个代号叫作"阿陀那识"，也叫"阿赖耶识"。佛说，这个东西啊，给你们讲不清楚，你们不懂的，阿陀那识既深又细，非常难懂，要实证到了才会懂。

"一切种子如瀑流"，我们所谓的过去、现在、未来，实际上没有空间时间的限制，是心物一元的。譬如黄河壶口的瀑布流水，长江三峡那个流水也一样，这股力量，哗啦啦在流。这个流，佛学唯识上叫"等流"，平等在流动。就像黄河瀑布水里还夹着泥沙、木头，"等流"中一切好的、坏的、善的、恶的、不善不恶的，一切唯物的种子、唯心的种子，没有分别，一起流动。这个宇宙的生命有股动力，使一切种子平等地一起流动，心物一元的，这个动力是"行阴"，是根本动力。

那么中国固有文化里有没有这个？有！《易经》就告诉你，用乾卦代表，"天行健"三个字。这个天，不是科学物理概念的天，而是理念的天，代表本体，就是宇宙有股力量，永远在动；物质的、精神的功能作用，永远有个动力在动、在变。

这个"行阴"最难懂，修行是修这个啊！一般讲修行，如果不懂这个，修个什么行！所以《易经》告诉你"天行健"。接着有句话，"君子以自强不息"，这句话是周公加上去的。文王当年研究《易经》，悟道了，通了，他对乾卦的理解只有三个字——天行健。他的儿子周公，研究《易经》，加一句话"君子以自强不息"，我们做人要懂得乾卦的道理，懂得宇宙一切随时在变，自己因此要懂得自强，要随时反省，努力修养学问，要永恒地前进，不能停留。所以《大学》有"苟日新，日日新，又日新"，就是这样来的。后世所谓"学如逆水行舟，不进则退"，也是这样来的。《金刚经》上说"应无所住而生其心"，也是基于宇宙这个状态而来的道理，一切现象本来随时在变，你还抓个什么！

"我于凡愚不开演，恐彼分别执为我"，佛讲《解深密经》《楞严经》，是最后讲的，《解深密经》是佛在晚年要走以前讲的。佛说，我对于一般没有智慧的人一概不讲，这些笨家伙智慧不够，给他们讲了以后，他们以为宇宙中间有个动力是本有的生命，又把无我的东西，当成有个我了，又起了意识分别，思想又抓住有个生命的本来。

生命没有本来，只是有个流动性的现象，像风一样。你说风从哪里来？你说从西北来，那西北以前呢？后面是空。《金刚经》告诉你，一切现象都是"无所从来，亦无所去"，即有即空，即空即有。可是佛讲了这个科学的道理，大家都把它当成一个总的物质的东西在那里存在着，就错了，所以佛说，"恐彼分别执为我"，所以不敢讲。

这个阿赖耶识里的种子是等流的，但是这个"等流"作用的同时，中间还有个作用，叫"异熟"，这是因果的规律。每一个众生的种子里，有善有恶，有无记。譬如大家喜欢偷懒，喜欢逃离世间打坐修行，不想做事，那是属于无记业的。无记业的果报很严重了，所以给大家指出来，因果是很可怕的。人这个生命，是"等流"和"异熟"作用变化出来的，成熟了，等于一个果子熟了。

至于变成人，变男人女人，变笨人聪明人，变好人坏人，都是因果的异熟。我们把山东的苹果移植到美国去种，它完全变味了，而且果子长得非常大，和山东的苹果完全不同。讲种菜，种水果，种树，有个方法叫"嫁接"，一棵树接种另外一种树，使果实味道改变，外形也改变。这个也是因果的异熟。

阿赖耶识有等流、异熟的作用。所以《楞伽经》告诉你，有些人天生是凡夫，不愿意修行；有些人天生要修行；有些是爱修小乘，只管自己的声闻；有些走大乘菩萨路线，最后成佛。《楞伽经》说，根器是异熟的果报不同，这叫作种性不同。《楞伽经》不称之为根基，而称之为种性。譬如他姓王，他姓李，每个人家族不同。这个人是小乘的种子，那个人是大乘的种子，这个是文人的种子，那个是武人的种子、军人的种子……种性是多生多世累积的因果，属于异熟。

"无明缘行"，倒转来讲，这一念无明哪里来的？是生命那个动力，像瀑布流水一样，昼夜在转动。等于我们打开电灯，看起来电灯光一直保持着光亮，没有变化，实际上随时在变化，只不过我们看不出电灯里的电是怎么传输变化的，这就是无明。我们只看到亮光永远亮着，实际上产生光亮的电流的每个分子都随时在变化，在异熟。生命动力是那么细的一个科学。

十二因缘，看你怎么去了解，古来的高僧，他们把普通的学问搞好了，再讲佛学就讲通了。现在一般学佛的，基础教育的书都没有读好；而且现在这个时代，只把古文搞好了没有用，还要知道现代科学才行，佛学是那么博大精深啊！

再回到十二因缘，无明缘行，这一念无明，引起生命的动力在动，这里头带着异熟和等流作用，可是这个行动里头是心物一元的。

你要晓得物理世界也永远在动，无明里头也是包括心物一元的，行阴是心物两个一起动的喔！是等流作用喔！

现在讲人的生命来源，特别抽出来这个十二因缘。无明是代表本体痴的、不明的作用；行阴同第七识意根，有连带关系。佛学中讲的心意识，心，代表心物一元的本体，就是阿赖耶识；意，就是第七识，是我执、法执的根本；能够思想分别，能够思维的这个识，叫作第六意识，根是第七识。这是所谓"心意识"。

现在人常常讲禅宗，禅宗古来祖师有个教育法，我们叫它瞒人的方法，就是唬你一下，说："离心意识，参！"离开心意识，还参个什么啊！那早成佛悟道了，也就不要参了。可是他用瞒人教育法。"离心意识去参！"这句话现在好多人随便讲，他也不懂，如果懂了离心意识，那是已经到了，没有无明了，行阴也停了，那就成佛了。我已经成了佛，还上你禅堂参吗？哼！

禅堂也叫作参堂，进去要研究的，不是说死抱一个东西，在那里坐一辈子，那是搞什么啊！造什么业啊！但是造的算是好业，来生做一个学者，天地间就是一个学者而已。

无明缘行，"行缘识"，这个"识"是思维意识，就分阴阳了。因为行的动力连带阳的，就是灵魂一灵不昧，阳的动力能够起各种思维。唯识学是把十二因缘"识"的部分，专门扩充来讲的，透过一切现象来了解本体，所以叫作法相学。

与法相学相对的是般若，譬如《金刚经》是性宗，不讲相，把现象遮住了，推翻了一切现象，直接将那个无明的本体变成光明自性，那个就是般若。这是性宗，直接的，禅宗走的是性宗路线。

唯识法相走的是科学路线，把现象研究透了，最后还是回到性宗，般若性宗。

禅宗和密宗大手印，都先走性宗的路线，开悟了以后，一悟千悟，再把这些法相学通通明白了，无所不知，无所不晓，就是佛的大彻大悟。如果还有所不知，还有所不明白，连佛经道理也搞不懂，只会守住那个香板当成是佛，或者只守着那个铃子，叮叮当当，拿个咒语就当是佛，那都不是的。那只是给凡夫一个方便之门，找一条路走走，凡夫都喜欢抓一个东西，所以给他一样东西抓着玩玩。

佛在《般若经》上讲，我四十九年没有说一个字啊，你们不要认为我传了法，没有啊！《法华经》上佛说，佛法只有一乘，说东说西，不过是"空拳诳小儿"，那是一个教育法，为了使你们真的明白那个本体的法尔道理。等于小孩哭了，大人握一个拳头，说不要哭不要哭，我这里有糖给你吃。小孩子不哭了，拳头打开并没有糖，嘿！是"空拳诳小儿"。这也叫作"黄叶止儿啼"，小孩哭了，没有办法，拿一片黄树叶，说这个多好看啊！这个是黄金啊，你不哭，金子给你；你再哭，不给你。孩子说，我要我要，就不哭了。结果给你的，只是一片黄叶，所谓"黄叶止儿啼"。

当年我到四川一个庙子里头，看到一副对联：

山迥迥，水潺潺，片片白云催犊返；

风潇潇，雨洒洒，飘飘黄叶止儿啼。

对联好，字也写得好，这是谁写的呢？是破山海明禅师写的，也是他作的对联。所以我看了书法，看了陈抟老祖写的"开张天岸马，奇逸人中龙"，看了张三丰写的字，看了破山祖师写的字，我再也不学那些法帖了。那些仙佛的字真是不同！这副对联也好，可惜现在都没有了。

"山迥迥，水潺潺，片片白云催犊返"，就是讲佛法的教育，每个方法都是引导你归家成佛的。小牛在乱跑，把牛拉回来，把这个心念拉回来，回到本体，一片光明，自性清净。"风潇潇，雨洒洒，飘飘黄叶止儿啼"，那文字境界真好。破山祖师是大彻大悟的。

张献忠杀到了四川，结果破山祖师要来看张献忠，他的弟子中最护法的就是秦良玉，是四川著名的女将军，在川东跟张献忠对抗，就是现在重庆这一边。在川东,张献忠杀人太多了,破山明师父讲,不行,我要去看他。秦良玉说,不行哎,师父,您是出家人,他会杀了你。破山明师父说,即使杀了我,我也要去看他,叫他不要杀人。结果他一个人去了。张献忠一看到祖师,说:"你来啦!很好!什么事啊,大和尚?"他说:"不要杀人了!"张献忠说:"可以!一个条件,你吃肉,我就不杀人。"破山明说,拿肉来!当场吃了,张献忠说,我不杀了。

破山海明禅师,二十三岁时,为了悟道住在黄梅破头山三年,三年当中,使尽浑身解数,还是没有悟道。最后,他决定以七天为限,克期取证。四五天后,他腿的气脉比较通了,走路好像在云中飘一样,他也不怕,也不理,可是还没有悟道。这下,他发狠心了,到悬崖上立足,说:"悟不悟,性命在今日。"今天再不悟,死了算了!之后,他进入了人境双亡浑然一体的境界,看到眼前是平坦的大地,根本没有悬崖,他抬脚要经行,就是行香走路,结果一下踏空了,摔到悬崖下面,跌断了脚,变成跛子,毕竟悬崖还是悬崖。

他后来开悟了,在现在的重庆建了双桂堂,我去过的。这一副对联是他作的,字也是他写的。看了这副对联,我们喜欢文学的,作不出来;这个字之潇洒,真了不起!这是高僧,不是你们现在什么乱画的书法家。

我现在讲的本题是什么啊?是识。为什么讲到识扯到这里来啊?由"识"讲到唯识法相,讲到性宗、相宗,都是帮忙你觉悟的方便,"空拳诳小儿"罢了。

说到唯识法相,我说这一般讲唯识的,后人这些讲唯识的书,讲得都对;可是他不知道唯识法相是专门指导修证的,叫你清楚认识任何一个相,一个境界。现在大家不从这里研究,反而把唯识法相搞成了哲学思想,那跟修证有什么相干啊?

无明缘行,行缘识。这个识,在生命而言,就是灵魂了。究竟这个灵魂怎么样跟身体结合？我们肉体里头怎么样有这个思想在？他们怎么搅在一起，变成一个生命？所以"识缘名色"比较难懂了。

一个精虫，一个卵子，古代叫父精母血。其实真讲精的话，什么是精？佛讲得很清楚，精是全身的，那个出来的精，已经是废物了；因为全身都是精，就是每个细胞，每个地方都是精。而且佛经中在律部告诉我们，一般讲的男人的精分七类："青、黄、赤、白、黑、酪色、酪浆色。"青色是转轮圣王的精，黄色是转轮圣王太子的精，赤色是因为玩女色过度的精，白色是普通人的精，黑色是转轮圣王的大臣的精，酪色是须陀洹（初果罗汉）的精，酪浆色是斯陀含（二果罗汉）的精。

那么，当男女两个出精的时候，精虫卵子结在一起的时候，中阴身被那个业力一搅，有个强大的吸力，就把它吸进去了，和受精卵搅在一起混合了。这个心物混合的东西叫作"名色"。

你们打坐，开始上座念头蛮清净，为什么等一下心里就不清净了呢？是那个心念的吸力又在吸了，吸外界的杂念进来，你放不下。所以禅宗讲——放下！你放不下，都是向里面吸了，这就是苦集灭道的集，我们随时随地都在集，在抓，抓念头、抓感觉，什么都抓。

"名"是属于精神理念的，受想行识都属于名的范围，看不到形体的。中阴身那个灵魂，是精神的，属于"名"的范围。

什么是"色"？地水火风，物质的叫作色。精虫卵子是生理的，物质的，四大所变化的，属于"色"的范围。

精虫卵子结合，再加上你的灵魂，三种东西"哗"一搅，那个强大的吸力使灵魂跑不出来，这个就是轮回，进去投胎了，这叫"名色"。

"名色"开始七天一个变化。第一个七天，那是稀稀的，佛经形容好像冻了的牛奶，好像现在小孩子吃的果冻。七天一个变化，慢慢成长。可是你那个识，精神那个心，那个思维意识，跳不出来这个行阴，你转不出来，所以叫轮回，永远在里头转。等于电风扇里头有一个苍蝇，电风扇开动了，苍蝇飞不出来，除非把电风扇关掉，它才可以飞出来。我们的思想灵魂，前生所有带来的果报，都卷在里头，在这个名色里头。

这个名色，七天有一个明显的成长，详细的要看《入胎经》，佛在两千多年前讲的，非常详细。现代医学提出一些证据，证明佛讲得很正确。你们研究懂了《入胎经》以后，你才晓得打坐，坐在那里，七个钟头，七分钟，七秒钟，七天，都有一个变化，同那个胎儿成长的道理一样。可是你们不去研究，光是叫老师，有什么用！都在骗自己。

"名色缘六入"，"六入"是什么东西？眼、耳、鼻、舌、身、意叫六根，是名色本有的；色、声、香、味、触、法叫六尘，也是物理和精神世界的东西。六尘穿进六根这个过程，叫作"六入"。

当年我看佛经，六根六尘，为什么这里用个"入"字？奇怪，就留意了。所以叫你们留意十种"一切入"，地、水、火、风、青、黄、赤、白、空、识，你们用功都不用脑筋。"一切入"是穿透进来，譬如我们坐在房间里，你们什么感觉啊？今天比昨天气候沉闷一点，是不是？湿度高，它穿透进来，你受不了。你以为房间关着，外界环境就穿不进来了吗？都是穿入的。我们用暖气调剂，不然大家坐在这里不会这么舒服。这就要懂得，外面物理环境、精神环境对你身心穿透进来了，色、声、香、味、触、法穿透进来了，就有接触，所以叫"六入"。

小乘的佛经你不能不研究，佛经十分科学，有十种一切入，地、水、火、风、空这五大，加上"识"这个理念精神作用，还有青、黄、赤、白，那是地、水、火、风等色法变化发生的现象，不论任何地方，任何地区，它都穿透你。

这个里头你研究研究，没有"黑"字吧？为什么啊？读佛经要做科学的研究，佛经说青、黄、赤、白，怎么忘记了一个黑字？佛经没有忘记，实际上没有黑，因为所有颜色的集中就是黑。颜色分很多种,譬如你们中学的时候读过有七种,背来听听,红橙黄绿蓝靛紫,对了。不仅七种,还可以变化出更多的色彩。所有的色彩集中了以后,就是黑。全部反射了,就是白。各种颜色都是变化出来的,都是物理科学。所以你们如果不懂科学,就不要谈修行了。而古代那些得了道的师父们都懂,不过表达方式不同而已。

知道了十种一切入,就晓得坐在那里为什么定不住,因为你同时受气候以及其他外界因素的影响,地、水、火、风、空、识,乃至各种现象境界,随时变化刺激你。你的心力不强,智慧不够,就会去抓,不能不理。所以般若谈空,叫你把它化开了,放出去。可是人呢?习惯在抓,这个生命在入胎时,识缘名色的时候已经都是吸进来。可是真吸得住吗?吸不住。他一边吸入,一边集中,一边散掉;越集中,越松散,反作用力越大。这个心理、生理与力学道理一样,

十二因缘,无明缘行,行缘识,识缘名色,名色缘六入,"六入缘触"……讲到"触",一有六入以后,就发生接触,交感,触就是交感,互相就受影响。

"触缘受",触就发生感觉、感受。你说,我受凉了,给风吹了,就是十一切入的地水火风的这个风进来,冷气进来凉到了。一凉了以后里面发炎了,火起来了;接着流鼻水了,鼻子不通了,水大不流畅了;所以地水火风在里头变化,触受接二连三的太多了。

我们从娘胎生出来到现在,没有一天是舒服过的,每一秒钟的触受都是很痛苦的。但是人们没有感受到,因为麻木了,习惯了,加上智慧不够,观察不清楚。功夫能够做到离开了触受,那你就变成虹光之身了,一片光明,空灵,与虚空合一,那也就是空无边处定了。这不是理论,也不是幻想,是真的功夫。

这个中间的修持关键,就靠你心意识的力量,能够做到不受这股业力的驱使。所以叫你们仔细了解三十七道品,亦称三十七菩提分。打坐不过是练习学定啊!坐中能够定了,还要在行住坐卧中,随时都

能定，定慧等持。如果连定的根都没有扎好，五根中的定根都没有，当然就没有定力，怎么才能不受这股业力的驱使呢？五根是信根、精进根、念根、定根、慧根，依五根发起五力，信力、精进力、念力、定力、慧力。有了慧力，智慧变成力量了，破一切执着挂碍，那才叫作修行。

触受是很严重的，一切众生都被触受骗走了。男女两个为什么要做爱啊？是触受的舒服嘛！可是很短暂的。因为触而有感受，你们叫享受。你看，性的高潮享受不到一秒钟就没有了，这个力量就散了。那个高潮来的时候，是十一切入，都进入，集中了，那个力量一集中，爆炸了，又散了，结果什么都没有。可是众生凡夫呢，愚痴，没有智慧，给骗住了。所以触缘受，受是感觉。

"受缘爱"，爱就是喜欢、贪图。"爱缘取"，明明抓不住的东西还要拼命抓。所以，我说你们拼命抓财富、大权、高位，有什么用？那都是暂时之所属，给你用一下，它不是你之所有，都要散去的。

"取缘有"，抓到手，所谓有，是暂时归你之所有，不是真的属于你，是骗你的，都会变去消散的。即使一部分你用掉了，好像这部分用掉的真属于你了，其实也都是欺骗自己，不过是刹那之间的因缘聚会触受而已。一切都是因缘聚会复消散，根本没有个"得"，没有真的拥有过，连你自己的身心都在随时新陈代谢，都留不住。所谓有所得、拥有过，不过是心理上的想法，骗自己的。既然无所得，当然也无所失，一切缘起性空，性空缘起。真的看清了这个道理，就不会拼命去抓了，也就可以把一切无保留地贡献给社会了，所谓诸恶莫作，众善奉行，自净其意。不是有心为善，是自然地如此，当然也要用智慧去做，不是乱来的。

"有缘生，生缘老死"，因为"有"，比如有孕了，就有生，有老死。人生如此，一件事情，一个东西，一切有为法都如此，有生必有毁灭。

老死了以后呢，灵魂再来，无明缘行……就这么轮回。这是大原则，了解了之后，才晓得入胎是怎么回事，人生是怎么回事。懂了吧?

现在准备吃饭。你看我给你们卖了那么大力气讲，你们跟我很多年，自己不在这里参透，有什么用啊！这就是话头！禅堂讲参话头，每一个都是话头，你去参！

譬如你打起坐来，有时候痛得受不了，你就要晓得"受即是空"，那个痛再痛，你也留不住的，无常的。诸行无常，是生灭法；无所从来，亦无所去；从空中来，又回到空中，好像来过，你不要被它骗走了。你们不是会念《心经》吗?《心经》告诉你"色即是空，空即是色，色不异空，空不异色"，接下来你就要晓得，难过的时候，你就念"受即是空，空即是受，受不异空，空不异受"嘛！你就不晓得用吗？思想多了，你就晓得"想即是空，空即是想，想不异空，空不异想"。不论出家或在家学佛，学些什么啊！被自己感受困住了，闷在那里，那个是受阴嘛，你就被它骗了嘛。有时候，自己还觉得蛮舒服，是受阴配上想阴，还误以为这个是定呢！去你的！

第六讲

大家都晓得讲小乘，如果要考问你们苦集灭道、十二因缘，一定考不及格的。尤其这些居士们，嘴上讲学佛，其实是凑热闹好玩；这些在家的学佛打坐，想玩神通、玩健康、玩弄自己、玩弄佛法，像做生意一样，想求一点利益而已，没有真的学佛。

佛初次讲法，就讲苦集灭道四谛。所谓小乘，像是小学开始，大乘是讲到大学了。小乘是基本教育，有些人基本教育都没有学好，就讲大乘，讲什么禅宗、密宗、唯识，都在自欺欺人。

苦集灭道叫四谛法。我也经常问这些出家的同学，佛经上说佛三转四谛法轮，怎么三转呢？就是讲无明缘行，行缘识……启示大家，这个世界的生命和物理世界，一切皆苦，没有真正的快乐。除了刚才徐先生讲，灵魂脱出来那一下很舒服，觉得很乐，现在还很留恋。其实，这个世界上一切皆苦，所以有八苦、十二苦。

如果考问这些居士们，八苦背得出来吗？八苦是生、老、病、死、求不得、爱别离、怨憎会、五阴炽盛。很多佛经，往往一部经只讲一个苦，发挥起来已经很多很多了。八个苦是大原则，归纳了人生最痛苦的事，你们背了也不体会。实际上与这些社会学、经济学、政治学、教育学……都是连带的。

普通讲八苦，讲深刻的有十二苦，八苦再加上愁、悲、忧、恼四苦，十二个大原则。换一句话说，人生是痛苦地活着。

你们问我人生问题，我平常告诉你们，人活了一辈子，就是三句话——莫名其妙地生来，无可奈何地活着，不知所以然地死掉。每个人都这样，自己莫名其妙生来，不知道怎么生来的，为什么生来的。

活着呢？无可奈何地活着，你们追求这个，追求那个，你们常说的，都为了追求快乐、幸福，可见你们都活得不快乐、不幸福。死了不甘愿，活着很痛苦，就这么活着。最后死的时候，不知所以然地走掉了，如此而已。所以佛说一切皆苦。

佛讲苦是什么意思？一般学者说，佛对社会、人生、世界的看法是悲观的，这是讲哲学的人的讲法。佛只告诉你，大家这样活着苦，他并不是说本来苦；他是有方法的，教我们修持，跳出这个苦，得到极乐，这是佛的目的。他在这里叹苦，告诉你世界上皆苦，叫我们认识这个世界，认识整个的人类社会，人生毕竟是苦；可是有一个不苦的东西，你去找，这就是佛的目的了。跳出来，找到那个没有痛苦的极乐，所以叫极乐世界。不是只有阿弥陀佛的世界才是极乐世界，凡是彻底离苦得乐的境界，都是极乐世界。

昨天，胡松年问"跳出三界外"，跳到哪里去？我也经常问你们，你们修行说要"跳出三界外，不在五行中"，跳出三界外到哪里去呢？有个第四界吗？佛没有说啊。不在五行中，在哪里呢？在第六行中吗？也没有讲。可是你要找出来。

是啊，他说跳出三界外，跳到哪一界去啊？有，法界。佛不是告诉你吗？那个也不是第四界，就在三界中，另有一个超越的，佛创了一个名字，叫法界，超越时空的。所以你们光晓得讲苦集灭道，听得很悲观，认为宗教是悲观的。要知道，佛从悲观开始讲起，最后最高的境界是离苦得乐。

当年，我年轻时在四川大学讲哲学，我问大家，人生有个总的目的是什么？大家答不出来。最后，我告诉大家，就是离苦得乐。一切众生的要求，都想跳出痛苦。不只人哦，任何一个细菌、昆虫，都想跳出来求一个极乐。法界里头那个是极乐，佛法有一个标准的，那个是极乐。

"苦集灭道"，什么是"集"？苦是自己抓来的，都是自己集拢来的。譬如要钱做生意，把钱都抓来给自己很痛苦，真的集拢来更痛苦，所以集是苦的因。刚才讲十二因缘，什么是集啊？"爱取"，贪爱，抓来，占有。无始以来，都在爱取，集中来，又散掉，无法不散掉。要知道，当下一念你就在抓，抓思想，抓感觉，都被这些欺骗住了，所以集是苦的因。你们一毛一毛的钱，一点一滴抓来。读书人、知识分子，从幼儿园到大学博士，集中知识，知识越多，痛苦越大。有集就苦，集是苦的因。"苦"是什么？苦不过是集的果。所以讲"苦集灭道"，是由果说因，从果讲起，使你明白苦的因。

怎么叫"灭道"呢？灭是一切放掉，没有了，空掉了。怎么样空得掉呢？除非你智慧明白了，才空得掉。道是灭的因。得道，智慧成就了，破除了一切苦的因，得了这个道，才灭除了一切苦；彻底不苦了，就是极乐。

这是一转四谛法轮了。禅堂叫你参禅，这就是话头，话头就是问题，自己不去研究问题，这是学什么佛啊？

第二转苦集灭道四谛法轮，怎么转呢？十二因缘，刚才分析过了。都记得了吗？中国把它变成四句偈，我常常告诉你们要背：

无明爱取三烦恼，行有二支属业道。

从识至受并生死，七支同名一苦报。

"无明爱取三烦恼"，十二因缘的无明、爱、取，这三个是根本烦恼，就是苦集灭道的集。由一念无明起，脑筋不清楚，就要抓住爱，想永远把握，所以痛苦就大了。这三种是烦恼的根本，痛苦的根本。

"行有二支属业道"，无明缘行，行是原始的动力。十二因缘第十是有，一切占有，行和有是业力，这股生命的动力，从过去多生多世到现在，以致到多生多世的后世，都在动乱中，在行中；然后被假相欺骗住了——我有名，有财富，有子孙儿女，有爱情，有家庭，有病，都是假相。行有这两支，实际上是无明、爱、取的基本动力，因为业力使你产生了无明、爱、取；由集到苦，因无明、爱、取又使你永远在行动，在抓，一切都要占有，一切都执着，要把握一切属于自己的东西，就是所谓业道、业力。

"从识至受并生死，七支同名一苦报"，生命的作用，身体的死生、生死，就是由心意识开始。由识来入胎，精神与地火水风变化的生理细胞结合，由识到名色、六入、触、受、生、老死，这七个阶段，都是苦的果报。这是苦集灭道四谛法门，第二转了。

所谓转，转动，就是分析给你看。你看佛这个逻辑科学，很周密的，给你分析得很清楚。

刚才我们吃饭以后，某同学跟我讲老实话。我问他听得累不累？他说不累，老师啊，你累了。我只好笑。我说，听得怎么样？他说，有许多听不懂。我不说话了。嘿！我一声不响不是否定他，是肯定他，他讲得对。你们完全听懂了才奇怪呢。他讲的是老实话，有一部分懂，有许多真的不懂。你们这一批上课的同学们，每一个都装得很懂的样子，实际上全体不懂。他讲的是老实话，一般人不老实，还说听懂了，谁懂？假定你们这些都弄清楚了，不得了，那不同了。

"无明爱取三烦恼，行有二支属业道，从识至受并生死，七支同名一苦报。"这四句你们要记得，记得干什么？打坐用功就在这个里头，一点一点破过去，你的功力智慧就一步一步上进。光是傻了吧唧打坐，几个钟头坐下来，我问你，你一百年坐在那里有什么用呢？坐就是道吗？你百年坐下来，没有那个石猴子、石狮子厉害吧？它可以坐几百年不动啊，它得道了吗？

所以，道家张紫阳真人有两句诗，讲你们修行打坐的："鼎内若无真种子，犹如将水火煮空铛。"你人坐在这里，内心没有一点真的东西在里头，等于炉子上烧一口锅，除了水没别的东西，你烧一万年也炼不出丹来。所以道家叫"炼丹"，"丹"字是中间有一点，有一个中心点，可是你没有啊！所以禅宗的禅堂里，叫你抓住话头，抓一个正念，你没有这一点在里头，没有真种子，有什么用？几个钟头坐下去，坐几十天，多少年，也没有用啊！

我现在不是给你们讲道理，这个体会进去就是实际的修持功夫，要点都告诉你了。可是你懂不懂？不知道。讲不讲是我的事，懂不懂是你的事。

回转来再讲入胎。你懂得了苦集灭道、十二因缘，知道怎么入胎的，就晓得怎么打坐做功夫了。

刚才讲入胎，佛说的，三缘和合才成胎，成为这个生命，这是阿赖耶识的异熟因果了，因缘成熟了，才变成人。

我先声明，这次是讲正常的转生人道的一段，不是讲六道轮回，别听错了。

男性的精虫跟女性的卵子碰在一起，不一定变成胎儿，没有中阴身加入是不行的。可是，就算有中阴身加入，算不定碰得不好变成宫外孕，也不能成胎。

要变成一个人身很难。佛经里说得很多了，《入胎经》也好，什么经也好，佛在几千年前讲的，你们可以将其与现代的医学相比较。佛说女性的子宫有很多种情况，子宫长得高不容易成胎，矮了不容易成胎，子宫后屈也不行，子宫太寒也不行，有些太热也不能成胎，有些有性病，有其他什么病，也不能成胎。女性即使是很健康的，成胎的条件也有几十条。

请问，释迦牟尼佛在二千六百年前，医学科学没有那么发达，他怎么讲得那么清楚？现在医学并没有超过他讲的范围。

然后讲男性，精虫不健康的还不行。讲到男性的遗精，太冷了会遗精，太热、太饿、情绪不好都会遗精。佛经里关于性病的知识很多很多，你们真研究佛学，把佛经讲的性关系、性病知识写成书，可以拿好几个博士啊。可是你们呢，没有学问，不去读书，也不去读经。

一个男人一次排出的精虫有多少呢？大概一亿到三亿。我问医学家，男性那个精虫在里头有没有新陈代谢啊？有一个妇科医生答，大概有吧。那么女性的卵子有几万个，一生只能成熟排出四百到五百个，排不完的，是在体内变成别的东西吗？如果留在体内，这些随时都要转化，转化不了，身体究竟是健康，还是不健康？这是个医学健康大问题，不是那么简单。

今天我们正式讲，佛学研究的是个生命科学、认知科学。你认识了解生命，然后你才晓得这一念无明，晓得认识自己。这是现在追寻的科学，叫认知科学，外国这方面的研究刚开始不久，他们不晓得中国佛学已经讲了许多年了。可是学佛的人，不管出家、在家，不知道认知科学、生命科学。西方在初步研究，我们国家现在对这方面研究的重视也是刚刚开始。其实我们自己家里有财产，有最好的宝贝，可是我们就是丢到牛粪里头，放在后院埋在地下了。你们说中华民族的文化如何如何，中国文化是什么啊？什么叫中国文化？

好了，这个精虫卵子结合，中阴身入胎了。这是讲人道正常的入胎。那么第一个七天，昨天提到过，那个胚胎的形态像儿童吃的果冻一样，一点点大。可是这里头，生命的一股气同时在转了，在佛学叫习气，多生多世在转动，习惯性地转动。这个果冻一样的东西，在娘胎里呼噜噜一转，七天一变，生出来一条中脉，将来会生成背脊骨。每七天一转变，每七天的风，佛学里都有名称的。所谓风，就是中国人讲的气，动力，一共到三十八个七天，快九个多月时，身体长成了。到了最后，一股气，是倒转的风，倒转的动力，使这个婴儿身体倒转过来，准备正常出生。这个我不多讲了，你们详细研究佛学的《入胎经》吧。

在娘胎里头，男孩子的脸是向着妈妈的背脊骨的，所以民间说，怀孕女人肚子尖尖的，她会生男孩子，因为男胎背脊靠近母亲肚皮。女胎是反过来，仰着的，民间经验，孕妇肚子看上去平平的，会生女孩子。我也常说到，死在水里的人浮起来，男性是趴着的，女性是仰着的，同胎儿的情况一样。

胎儿的成长，这里头都是一股气、一股动力在转。佛还是给你简单讲的，七天变换，一种气在转动，某个七天成长哪一根经脉，生成心脏，生成肺，生成脑，生成眼睛，生成耳朵，等等。到了第三至第五个月中间，胎儿在肚子里已经有意识了，知道外面的环境。他听得见，都知道，不过没有意识去分别。他也有喜怒哀乐，在娘胎里有他的境界。等于徐某说喝了酒在那里趴着，到上面游，胎儿在里头也有这个境界哦。所以有时候孕妇说，这个孩子在肚子里乱踢。他不是乱踢，他在里头有一个境界，他觉得在赛跑，开运动会，或者打拳，调节一下身体。同你打起坐来，有时候境界是一样的。这是个科学。

那么佛讲到，在进入娘胎的时候，通常的情形，中阴身忽然有一个念头，是性的欲念。如果看到一对男女在做爱，这一对男女跟他有缘，他就一下被吸过来，这对男女就变成他的父母。当如果他喜欢女的，好想自己变成男的，那时入胎就变成男人了。如果喜欢男的，就变成女的了。

这个道理弗洛伊德知道了，所以他认为，男孩子潜意识里喜欢妈妈，女孩子下意识里喜欢爸爸，所以弗洛伊德的心理学是性心理学。我说他懂了一点，没有全懂。

那么，佛又告诉你，这个生命的形成是很不容易的。有些生命夭折，死在胎中。为什么？他的业报就是死在胎中。有的是快到临盆的时候，死了。有的是一出胎就死了。这个佛也说了很多。所以人身难得，生命存在是不容易的。因此，佛学认为，自杀是犯戒的，不准你自杀。为什么人要自杀？觉得世间很苦，活受罪，早一点自杀就解脱了。错了！这反而使你罪上加罪，判你的刑期没有满，你自杀就是从监狱里脱逃，脱逃反而要更受罪，更加刑。所以自杀不是解脱的办法。

但是入胎不一定都是因为性的欲念来的。有些生命，刚才讲过，在娘胎里头还好的，但是他业报的意识寿命，在胎里死掉了，而另外一个意识进去了，就是另外一个中阴进去了。有些是刚出娘胎，可是意识死了，离开了身体，另一个中阴在这个时候进去，所以说不是一定的。还有其他不同的情况。这个里头很细，你们去看《入胎经》。

你们问转生不迷的问题，像有些活佛转生，有没有不迷？很少，极少。佛说要有非常高定力和智慧的大菩萨、大阿罗汉，才能做到。佛经上讲，一般大阿罗汉与大菩萨有隔阴之迷，入一个胎，或者住胎，或者出胎，统统迷了，前生的事都忘了，把你隔开了，这个叫"隔阴之迷"。除非你很有定力，入胎不迷，虽然入胎来，不是被吸进来的，而是自己有意地自主入胎。释迦牟尼是正规入胎不迷的。第二步，住胎不迷，在胎儿阶段，自己还在做功夫，还在菩提道场境界，正觉不衰。第三步，出胎不迷，才可以生而知之，过去的学问都记得，智慧很光明。

至于说生下来是什么人转世，还靠卜卦来决定，那我就不知道了。那我也可以说，胡松年啊，你或者是我的女儿转生的吧！某人是我养的什么大鹏鸟转生的吧！那都是随便扯。现在人都在乱扯，哪有这个事！

这是佛明讲的，除非是入胎不迷，住胎不迷，出胎不迷，否则不能生而知之。所谓不迷，是清清楚楚。譬如佛说，他有一生做过什么什么，你看佛经说，佛多生累劫什么都做过，做过野兽，做过兔子，也做过鸟；我们也是一样。你把佛过去多生的故事集中起来，是一部大小说，是给儿童教育的很好的书。

所以佛学讲，我们大家要有"无缘大慈，同体大悲"。我们坐在一起，谁能够知道前生有没有互相做过父母啊！也可能做过夫妻，做过儿女，翻来覆去都轮流过的，谁知道自己啊！

因此说，你对这个朋友不高兴，要整他，你算不定整了自己前生的父亲，或者前生的儿女呢，或者兄弟姐妹。所以说无缘大慈，同体大悲，那是没有条件的。

佛经告诉你，有时候不一定看到男女性爱才入胎。佛经说我们这一生做人，悭吝，整人，但是其他方面人品还好，来生还做人，不过变一个穷人。当你中阴的时候，像做梦一样，忽然感觉到刮台风，又打雷，下大雨，淋湿了，又害怕，赶快跑；这时看到旁边有一个茅草棚，或者一个山洞，赶紧钻进去躲，就入胎了。那个时候没有性爱，是生在贫穷人家，很苦。

有时候，中阴走进一个地方，这个地方风和日丽，建筑也非常好，就进去玩玩。进去就入胎了，是富贵人家。所以入胎的因缘有很多种，也不是一定看到性爱。

譬如徐某讲，他累了，灵魂冲上去，他如果真死了，这个是天人境界，不过不是最高的天。天分欲界天、色界天、无色界天，三大类二十八个层次。像徐某跟他的朋友王某两个，照徐某所报告的，这是欲界天里最低层的四天王天，接近人间的，比我们高一点点，还在太阳系中。四天王天以上是忉利天，也叫三十三天。三十三天不是三十三层哎，是像联合国一样的组织。三十三天的天主，中国道家叫玉皇大帝，佛家叫释提桓因，也叫帝释。这还是离不开太阳系统。

忉利天再上去，有夜摩天、兜率天、化乐天、他化自在天。这些都是欲界，共有六个大层次；同时，这些天人离不开六种欲望：色、声、香、味、触、法，所以叫六欲天。六欲还有一种解释，是指色欲、形貌欲、威仪姿态欲、言语音声欲、细滑欲、想欲。总之是身心两方面的各种欲望。

欲界天人有男女差别，有笑、视、交、抱、触，你看我，我看你，彼此笑笑，相爱，拥抱，触摸，有性关系。不过层次越高，性关系的形式也越不同。有的两个一拉手已经完成了，比我们还高，还舒服。再高一层呢，连手都不拉了，彼此两个人面对面一笑，完成了。而这些天人生的孩子，不是从女人下部生的，是男人从肩膀上、头顶上、腿旁边生的，各种各样。这个讲起来完全像神话，可是说得很清楚。

你们学佛,这些都没有研究过,学个什么佛啊!你打坐到了什么境界,自己也不知道,你跟哪里接近也不知道。你问那些师父们,这个境界是在哪个境界里头?大多师父们也不知道。

夜摩天,也叫焰摩天、时分天。我们地球时间是依太阳系统来的,焰摩天大概超过这个太阳系统了,时间有差别,是相对的。那里以莲花开合为一昼夜,一昼夜等于我们这里二百年,所以他们看人类,像我们人类看蜉蝣一样,比蜉蝣还不如,早晨生的,不到中午就死了。那里没有日月光,天人自己发光的,男女拉拉手性欲就满足了。

焰摩天上去是兜率天,弥勒菩萨在兜率天内院说法,外面还是有六欲,男女笑笑就行啦。我们现在譬如是弥勒内院,在这个房间里专门说法;在外面,有人喝酒吃肉啊乱来。那里的一天,等于我们这里的四百年。

兜率天再上去呢?是化乐天,也叫乐变化天,一天等于我们的八百年。孩子是在男性的膝盖附近化生的。各种玩的吃的东西,自己都可以变化出来。它有它的定境,不过不是真的禅定,是欲界定。那么,什么人死后上升到化乐天呢?《楞严经》形容"于横陈时,味如嚼蜡",健康的男女,在做爱时,味道像嚼蜡一样,毫无快乐可言,就是说性的欲望已经基本没有了。这样的人死后升化乐天,当然还要配上很多善行功德。

化乐天的上层,叫他化自在天,是天魔。他化自在天主叫魔王波旬,是整个欲界之主。释迦牟尼佛成道之前,就是他来干扰测验的。他化自在天的男女两个对视一眼,就完成性交了。不像化乐天那样,他不需要自己变化出东西来娱乐,"此天夺他所化而自娱乐,故言他化自在。"他到下界,变化各种形象,当人们沉迷于自以为快乐的事时,刚好被他利用骗走,他以此为乐。反过来说,他也是测试你们的智慧、定力,能否不被六欲骗走。他的定境也是欲界定。

欲界定是不稳定的,容易因散乱或昏沉而出定,所以也叫电光定。你们常常说这个入定了,那个入定了,都是骗自己,充其量不过是欲界定,闪电一样,一下就完了。如果能够一直定下去,"心一境性",就是得到真的禅定了。

真得了禅定,就跳出欲界的限制了。初禅已到色界,本身已经得乐了。初禅"心一境性,离生喜乐",不需要男女关系了,从色界天开始到无色界,就没有男女差异了,那个心身的喜乐不是欲界男女性爱快感所能比的。这个定境才有点味道了。不然你们在禅堂打坐,拼命熬腿,那是化苦天,妈呀,咬起牙齿,那是咬牙切齿天,是他化极苦天,被苦受拉走了。

那么回转来说,晓得了这些道理,再回到我们打坐修行,为什么要修白骨观、安那般那?

白骨观,包括不净观,是破除身见,破除你对这个身体的执着,以及色声香味触等五欲,乃至很多念头,这些都是以这个身体为基础的。

安那般那以修风大观为基本,因为风大这个气,就是唯识学所讲的八识的根本依,八个识所根本依止的,这个生命就是一口气。你不从根本依上去解决,就得不了定。物理世界的生起,也是风轮先起的,研究《楞严经》就知道。念头一动,气就跟着动,四大作用跟进,各种感受、念头、境界跟着来。反过来,你念头真的止了、专一了,就会转化四大业报之身。

修安那般那、白骨观是先转化你的四大,由风大、由气来转变你的地水火风,转化习气,每一个细胞、神经都转了,因为这个业报之身转了,超越了欲界天所有境界,才可以得到禅定。简单明了,就告诉你们这个大原则。所以叫你们好好修安那般那,从修小乘禅观入手。

这是佛学讲修证之路的一个科学系统,同生命科学连起来,是一个根本的道理。这个不懂,所有学佛都是白搞的,所有打坐也是白坐的。不管你学密宗、禅宗,什么宗都没有用。

胡松年,你这一次来,只能这样答复你的问题,告诉你大概的要点。如果要详细听,不是像你这样一年来一次,逼我马上讲一次,短短时间就走,我给你八个字形容——贩卖真如,批发般若,哈哈……

其他零碎问题再说啦,你来了很高兴,就给你抢着讲一点。至于将来到庙港以后,不是这样的,那要正式上课,正式修学了,不管老的少的,老关系来也都不能随便,以后是这样一回事。

南怀瑾先生著述目录

1. 禅海蠡测 （一九五五）
2. 楞严大义今释 （一九六〇）
3. 楞伽大义今释 （一九六五）
4. 禅与道概论 （一九六八）
5. 维摩精舍丛书 （一九七〇）
6. 静坐修道与长生不老 （一九七三）
7. 禅话 （一九七三）
8. 习禅录影 （一九七六）
9. 论语别裁（上）（一九七六）
10. 论语别裁（下）（一九七六）
11. 新旧的一代 （一九七七）
12. 定慧初修 （一九八三）
13. 金粟轩诗词楹联诗话合编 （一九八四）
14. 孟子旁通 （一九八四）
15. 历史的经验 （一九八五）
16. 道家密宗与东方神秘学 （一九八五）
17. 习禅散记 （一九八六）
18. 中国文化泛言（原名"序集"）（一九八六）
19. 一个学佛者的基本信念 （一九八六）
20. 禅观正脉研究 （一九八六）
21. 老子他说 （一九八七）

22. 易经杂说　（一九八七）

23. 中国佛教发展史略述　（一九八七）

24. 中国道教发展史略述　（一九八七）

25. 金粟轩纪年诗初集　（一九八七）

26. 如何修证佛法　（一九八九）

27. 易经系传别讲（上传）　（一九九一）

28. 易经系传别讲（下传）　（一九九一）

29. 圆觉经略说　（一九九二）

30. 金刚经说什么　（一九九二）

31. 药师经的济世观　（一九九五）

32. 原本大学微言（上）　（一九九八）

33. 原本大学微言（下）　（一九九八）

34. 现代学佛者修证对话（上）　（二〇〇三）

35. 现代学佛者修证对话（下）　（二〇〇四）

36. 花雨满天　维摩说法（上下册）　（二〇〇五）

37. 庄子諵譁（上下册）　（二〇〇六）

38. 南怀瑾与彼得·圣吉　（二〇〇六）

39. 南怀瑾讲演录二〇〇四—二〇〇六　（二〇〇七）

40. 与国际跨领域领导人谈话　（二〇〇七）

41. 人生的起点和终站　（二〇〇七）

42. 答问青壮年参禅者　（二〇〇七）

43. 小言黄帝内经与生命科学　（二〇〇八）

44. 禅与生命的认知初讲　（二〇〇八）

45. 漫谈中国文化　（二〇〇八）

46. 我说参同契（上册）　（二〇〇九）

47. 我说参同契（中册）　（二〇〇九）

48. 我说参同契（下册） （二〇〇九）

49. 老子他说续集 （二〇〇九）

50. 列子臆说（上册） （二〇一〇）

51. 列子臆说（中册） （二〇一〇）

52. 列子臆说（下册） （二〇一〇）

53. 孟子与公孙丑 （二〇一一）

54. 瑜伽师地论　声闻地讲录（上册） （二〇一二）

55. 瑜伽师地论　声闻地讲录（下册） （二〇一二）

56. 廿一世纪初的前言后语（上册） （二〇一二）

57. 廿一世纪初的前言后语（下册） （二〇一二）

58. 孟子与离娄 （二〇一二）

59. 孟子与万章 （二〇一二）

60. 宗镜录略讲（卷一至五） （二〇一三至二〇一五）

61. 南怀瑾禅学讲座（上） （二〇一七）

62. 南怀瑾禅学讲座（下） （二〇一七）

打开微信，扫码看南怀瑾著作电子书

《老子他说》电子书

《金刚经说什么》电子书

购买南怀瑾先生纸质图书，请打开淘宝，扫码登陆复旦大学出版社天猫旗舰店

打开微信，扫码听南怀瑾著作有声书

《论语别裁》有声书

《易经杂说》有声书

购买南怀瑾先生纸质图书，请打开淘宝，扫码登陆
复旦大学出版社天猫旗舰店

打开微信,扫码观看
《复旦大学出版社南怀瑾著作出版纪程》视频

打开微信,扫码观看
南怀瑾先生授课原声视频

图书在版编目(CIP)数据

人生的起点和终站/南怀瑾著述. —上海：复旦大学出版社，2021.1(2024.11重印)
ISBN 978-7-309-15122-0

Ⅰ.①人… Ⅱ.①南… Ⅲ.①人生哲学-文集 Ⅳ.①B821-53

中国版本图书馆 CIP 数据核字(2020)第 105099 号

人生的起点和终站
南怀瑾　著述
出 品 人/严　峰
责任编辑/张雪莉

复旦大学出版社有限公司出版发行
上海市国权路 579 号　邮编：200433
网址：fupnet@fudanpress.com　http://www.fudanpress.com
门市零售：86-21-65102580　　团体订购：86-21-65104505
出版部电话：86-21-65642845
上海新艺印刷有限公司

开本 787 毫米×960 毫米　1/16　印张 6.25　字数 78 千字
2021 年 1 月第 1 版
2024 年 11 月第 1 版第 5 次印刷
印数 16 401—20 500

ISBN 978-7-309-15122-0/B·727
定价：35.00 元

如有印装质量问题，请向复旦大学出版社有限公司出版部调换。
版权所有　　侵权必究